Timo Rieg (Hrsg.)

Bochumer Bekannte

W0227218

Elli-Maria **Altegoer**, Carmen **Gelse**, Frank **Goosen**,

Dietrich **Grönemeyer**, Frank **Hilbig**,

Goiko **Javanovic**, Rudolf **Klein**, Dieter **Maiweg**,

Johann **Mauer**, Sascha **Otto**, Volker **Sendt**,

Werner **Streletz**, Christof **Wackernagel**

und Dariusz **Wosz** im Porträt

Von:

Sarah-Janine Flocke, Birte Gernhardt, Christina Grasnick,

Denise Haberger, Tobias Haucke, Till Moor,

Timo Rieg, Marco Rohrmann, André Stoltzenburg,

Jörn-Jakob Surkemper und Stephanie Weiss-Matschinsky.

Die Deutsche Bibliothek - CIP-Cataloguing-in-
Publication-Data
A catalogue record for this publication is available
from Die Deutsche Bibliothek.

© biblioviel Verlag + Agentur für Presse, Buch und Neue Medien
Südring 16, 44787 Bochum, Fon: 0234 / 91389-0, Fax: -15
post@biblioviel.de   www.biblioviel.com

Bochumer Bekannte

Redaktion: Heike Wüstenfeld, Sarah Landsiedel, Ute Eickhoff (Print),
Birgit Köck (Online) **Umschlag:** COMKOM° GmbH, Südring 14, 44787
Bochum, www.comkom.de, unter Verwendung eines Fotos von firo
sportphoto Essen. **Satz:** biblioviel Verlag + Agentur für Presse, Buch
und Neue Medien **Druck:** Thiebes, Altenhagener Straße 99, 58097
Hagen **Web:** www.biblioviel.de/bochum

1. Auflage Juni 2002

ISBN 3-928781-81-2

Vorwort

Wenn irgendjemand aus dem Team Anfang des Jahres noch nicht von uns (Wahl-) Bochumern angetan war, dann spätestens jetzt. »Sie wollen ein Porträt über mich schreiben? Aha. Na, dann kommen Sie doch vorbei.« Nicht eine Absage, nicht eine Enttäuschung und praktisch kein Tabu. Stattdessen sofort neue Bekannte, mit denen man über Gott und die Welt plaudern kann.

Wir haben bei der Auswahl keine Quote erfüllt - und uns eine solche auch nie vorgenommen. Dafür ist das Leben in jedem Ort zu vielfältig, sind die Menschen zu verschieden, als dass man sie in Gruppen mit jeweils einem Vertreter oder einer Vertreterin fassen wollte. »Bochumer Bekannte« stellt Ihnen 14 sehr unterschiedliche Menschen aus individuellem Blickwinkel vor. Den einen kennen Sie - vom Sehen, vom Hörensagen, vielleicht über die Schule, von einer Party oder aus der Zeitung - den anderen kennen Sie bisher nicht, sind ihm aber vielleicht schon begegnet oder können ihn jederzeit treffen.

Die Porträts sind Schlaglichter - und wenn Sie mögen der Beginn einer Reihe.

Am Anfang eines solchen Buches steht nur eine Idee, von der man viele Menschen begeistern muss, um sich mit ihnen auf einen gemeinsamen Weg zu machen - von der eigenen Familie über Mitarbeiter, Behörden und Unternehmen bis hin zum Buchhandel. All ihnen gebührt mein Dank. Besonders herzlich danke ich

- unseren »Bekannten« für ihre Offenheit, ihr Interesse, ihre Zeit, für spannende Gespräche, fürsorgliche Bewirtung und was sie sonst alles für die Texter-Zunft getan haben,

- den Autorinnen und Autoren, die sich sehr bereitwillig auf einen sicher ungeahnt langen Arbeitsprozess mit dem Lektorat eingelassen haben,

- insbesondere Inès Plume, deren wunderbares Porträt einer wunderbaren Bochumerin aus sehr widrigen Umständen nun nicht in dieser Sammlung erscheinen konnte,

- den Kollegen von COMKOM° für eine wie immer sehr kreative Begleitung,

- Heike Wüstenfeld für die Organisation des Projektes und all die uns hilfreich gelesenen Leviten

- und ganz besonders Tobias Haucke für seinen unermüdlichen, wirklich einzigartigen Rund-um-die-Uhr-Einsatz, der mich immens motiviert hat.

Timo Rieg

AKTIVES NICHTWÄHLEN STATT KÜNSTLERKARAVANE

CHRISTINA GRASNICK ÜBER CHRISTOF WACKERNAGEL

Christof Wackernagel ist ein liberales Arschloch. Schließlich lebt er seit 22 Jahren am selben Ort und hat sich da so häuslich niedergelassen, dass er nie mehr weg will. Er freut sich über den elektrischen Springbrunnen im Hinterhofgarten und das - zum Geplätscher obligatorische - Geschrei spielender Kinder. Er ist nicht mehr bereit, die Welt um jeden Preis zu verändern. Er geht lieber seiner Kunst nach, als auf die schreiende Ungerechtigkeit in der Welt aufmerksam zu machen. Er ärgert sich über die schlechten Verkaufszahlen seines Buches und freut sich riesig über eine Hauptrolle in einer Serie, die ausgerechnet bei RTL läuft. Er flieht nicht »aus dem zwar sicheren und behaglichen, aber letztlich doch langweiligen und immergleichen Alltag zwischen Flensburg und Freiburg« (»Gadhafi läßt bitten«).

»Klar hätte ich mit 21 Typen wie mich heute als 'liberales Arschloch' bezeichnet!«, sagt der 51-jährige. Aber mit 21 war Christof Wackernagel eben anders als heutige 21-jährige. Damals - Anfang der 70er Jahre - gründete er mit Freunden eine Kommune in München-Schwabing. Sie wollten ihren Mitmenschen zeigen, dass man friedlich zusammenleben kann, indem man seinen Besitz und sein Einkommen teilt. Innerhalb der Kommune hat diese Lebensform funktioniert. Zumindest die Sache mit dem Teilen des Einkommens. Die andere Sache, die mit der freien Liebe, hat nicht so gut funktioniert:»Klar kam es immer wieder zu zwischenmenschlichen Spannungen.« Klingt alles nach einem typischen 68er?»Dafür bin ich mindestens zwei Jahre zu jung«, wehrt Wackernagel ab.»Als ich 21 war, gab es schon die Kommunen. Die ersten Kämpfe waren gekämpft.«

Seine braunen Augen funkeln wild, wenn er von dieser Zeit erzählt. Diese Augen sind wohl dafür verantwortlich, dass sein Gesicht jeden Ausdruck annehmen kann, den dieser Mensch will. Wie er die Ellbogen auf den riesigen Holztisch in seinem»Kommunikationszimmer« legt und seinen Oberkörper auf die Unterarme stützt, wirkt sehr energisch.

Bereits bis zu seinem 21. Lebensjahr hat Wackernagel so viel erlebt, dass es für einen Film reichen würde. Schon während seiner Kindheit in Ulm wird der Grundstock für eine Rolle gelegt, durch die er ganze Scharen von Cineasten viel später begeistern wird: die Rolle des schwäbelnden Mitglieds der Männerrunde in »Der bewegte Mann«. »Ja, daheim musste ich hochdeutsch reden, aber uff dr Stroß' hän i freili schwäbisch gschwätzt!« Dass die Schauspielerei ganz tiefe Schattenseiten haben kann, weiß Christof bald. Als er sechs ist, stirbt sein Vater, Intendant des Ulmer Theaters. Seine Mutter, am gleichen Theater als Schauspielerin engagiert, wird vom neuen Intendanten rausgeworfen. »Natürlich wollte der neue Intendant nicht die Frau seines Vorgängers übernehmen.«

Also zieht sie mit ihren beiden Kindern nach München. »In München hat man uns nicht gerade mit offenen Armen empfangen, aber ich ging brav zum Gymnasium«, schildert Wackernagel die damalige Situation. »Bis ein Tag in der Schule mein Leben für immer veränderte.« Der Klassensprecher stellt sich vor die Klasse und fragt:»Wer will mit Helga Anders ins Bett gehen?« Die Schauspielerin Helga

Anders ist für die Jungs in seinem Alter das Sexsymbol schlechthin. Also meldet sich Wackernagel und nimmt mit insgesamt 350 Jungen am Vorsprechen für die Hauptrolle in dem Film »Tätowierung« von Johannes Schaaf teil. »Eigentlich wollte ich gar kein Schauspieler werden, denn ich wusste ja, was das heißt. Aber Helga Anders wollte ich schon gerne kennen lernen.«

Und er bekommt die Gelegenheit, sie kennen zu lernen. »Wahrscheinlich war ich der einzige beim Vorsprechen, der nicht in dem Film mitspielen wollte, um Schauspieler zu werden. Dadurch hatte ich wohl eine Gelassenheit, die überzeugte.« Der 16-jährige darf die Hauptrolle in dem - später hochgelobten - Film »*Tätowierung*« spielen. Darin erschießt der Waise Benno, »den der Gymnasiast Christof Wackernagel glücklicherweise wie von ungefähr, ohne Pedanterie zum Missmut spielt« (Süddeutsche Zeitung) bei einem Sonntagsspaziergang seinen Ziehvater. Weil ihm die neuen Zieheltern soviel Toleranz entgegenbringen, dass ihm nach jahrelangem Aufenthalt im Jugendheim das Hassobjekt fehlt - und irgendwohin muss er ja mit seinem Hass. Es war der richtige Film zur richtigen Zeit: »Aus heiterem Himmel ein Filmschuss, der das Schwarze unter den Nägeln einer Gesellschaft trifft, die mit einem Teil der Jugend von heute - der ungebärdigen, aufrührerischen und allein schon deswegen nicht verlorenen - nicht mehr fertig wird« (Hamburger Abendblatt).

Christof entdeckt seine Leidenschaft für das Schauspielern. »Der Film war so gut, dass keine Steigerungsmöglichkeit mehr blieb«, sagt der Schauspieler heute. »Mit sechzehn hatte ich die Rolle meines Lebens schon hinter mir.« Keine leichte Situation für einen Teenager. Er bricht die Schule ab und widmet sich in den kommenden Jahren der Schauspielerei. Er spielt mit anderen - damals unbekannten Schauspielern - wie Mario Adorf oder Hannelore Elsner drittklassige Filme. Aber er verdient damit sein Geld. Dieses Geld war dann sein Beitrag zur Kommune.

9

»Ich habe in meinem Leben bisher nur drei wirklich gute Rollen gespielt: den Benno in 'Tätowierung', den Rüdiger in 'Der bewegte Mann' und jetzt den Wolfgang in Abschnitt 40.«

Nachdem er unzählige Nebenrollen in Vorabendserien wie »Nicht von schlechten Eltern«, »Lindenstraße« und »Stefanie« gespielt hat, um sich finanziell über Wasser zu halten, hat er in einer RTL-Serie jetzt endlich wieder die Möglichkeit zu zeigen, was schauspielerisch in ihm steckt. »Ich liebe diese intensive Rolle!«, sagt er und springt auf, um die ganze Dimension seiner Freude zum Ausdruck zu bringen. Seine braunen Augen sind weit aufgerissen und strahlen. Während er von der Rolle erzählt, mag er sich gar nicht wieder setzen, fuchtelt wild mit den Armen, läuft auf und ab. »Diese Zerrissenheit des Polizeihauptkommissars!«, ruft Wackernagel und fährt sich mit beiden Händen eilig über die kurzgeschorenen Haare. Wolfgang ist eigentlich ein pedantischer Paragraphenhüter, kommt aber mit seinen geliebten Gesetzen in Konflikt: Seine sechzehnjährige Tochter, gespielt von Cosma Shiva Hagen, wird mit Drogen erwischt. Er, der allein erziehende Vater, weiß nun nicht, ob er sie anzeigen soll. Besonders die Arbeit mit Cosma Shiva Hagen hat Wackernagel beeindruckt: »Wir hatten sofort einen Draht zueinander und haben uns gegenseitig zu Höchstleistungen angestachelt.« In den neuen Folgen, die ab Herbst 2002 laufen werden, ist sie jedoch nicht mehr dabei.

Vielleicht kommt der Schauspieler mit dieser intensiven Rolle als Polizeihauptkommissar ja seinen Vorbildern ein Stück näher: »Typen wie Dennis Hopper oder Anthony Hopkins, das sind tolle Schauspieler! Die sind so wandelbar, dass man sie in einem Film oft ganz schwer erkennt.« Wackernagel arbeitet hart. »Wenn ein Regisseur mich engagiert, weiß er genau, dass ich immer pünktlich komme und dass ich als Schauspieler alles gebe.« In Anbetracht seiner expressiven Mimik und Gestik und dem jeweils passenden Einsatz der Stimme glaubt man ihm das sofort.

Wenn er von einer Rolle als alternativer Yoga-Schüler erzählt, dann ist er für einen Moment dieser Yoga-Schüler. Dann senkt er seine Stimme, entspannt seine Gesichtsmuskulatur, grinst ein wenig naiv. Wenn er von seiner Rolle als Rüdiger in »Der bewegte Mann« erzählt, dann ist er noch einmal Rüdiger und sagt die legendären Worte: »Titten, Titten, Titten«.

Am liebsten steht der Schauspieler jedoch auf der Theaterbühne. »Diese Live-Situation ist großartig. Du bekommst unmittelbar mit, wie dem Publikum deine Leistung gefallen hat.« Natürlich hat es ihm als Wahl-Bochumer besonders das Schauspielhaus angetan. »Das war noch vor dem Berliner Ensemble das beste Haus in Deutschland.« Unter Leander Haußmann hat er dort sehr gern gespielt. Doch mit Haußmanns Fortgang verabschiedete sich auch Wackernagel. Aus seiner Abneigung gegen den neuen Intendanten Matthias Hartmann macht er keinen Hehl: »Das Schauspielhaus ist *mein* Theater geworden. Aber Hartmann ist künstlerisch, menschlich und politisch eine Katastrophe!«

Wenn es nach ihm geht, will er zukünftig nur noch anspruchsvolle Rollen spielen: »Am liebsten würde ich mein Geld vor allem mit der Malerei verdienen und nur noch Rollen spielen, die mich wirklich fordern.«

Der Maler Wackernagel verbringt viele Stunden am Tag in seinem Atelier. Eine ganze Wohnung hat er sich zum Malen zusätzlich angemietet. Damit er Platz hat für seine Regale mit den Acrylfarben und Pinseln und für seine Staffeleien. Die Stunden, die er hier verbringt, sind eingeplant: »Wenn ich in Bochum bin, male ich vormittags. Wenn ich Lust habe, kann ich auch länger malen. Aber von 9 bis 12 muss ich, egal wie es um meine Lust steht.« Warum er sich solche Disziplin auferlegt? »Weil diese drei Stunden einfach die produktivsten des Tages sind«, sagt er.

Wackernagel komponiert in - wie er selbst sagt - »einer einzigartigen Weise« geometrische Formen mit einem großen Spektrum an Farben zu Kunstwerken. Dazu malt er sich mit Bleistift dünn die Formen vor, taucht anschließend den Pinsel in eines der zahlreichen Töpfchen mit Acrylfarbe ein und füllt die Figuren aus. Scheinbar wahllos setzt er die Figuren nebeneinander. Kreise sind durch Wellenlinien mit Quadraten verbunden, Rechtecke grenzen an Halbmonde. Ebenso kombiniert er die Farben miteinander: Braun kommt neben eine gelbe Fläche, Blau neben eine grüne. Beim Malen kommt dieser hektische Mensch zu sich. Seine Gedanken beruhigen sich, der Bewegungsdrang des Schauspielers lindert sich.

Angefangen hat er mit dem Malen im Gefängnis. »Damals habe ich ganz intensiv von Farben geträumt und habe daraus geschlossen, dass mir Farben im Grau des Knastes fehlen.« Mit seiner damaligen Freundin Renate schreibt er sich während seiner Haftzeit viele Briefe. Sie klebt auf ihre Briefe immer Marken, an denen noch ein Stück Rand eines Briefmarkenbogens hängt. Auf diesen Rand kritzelt Wackernagel seine Figuren und füllt sie mit Wasserfarben aus. Ganz bunt, damit er endlich seinen Farbenmangel ausgleichen kann.

Demnächst stellt der Maler beim Energiekonzern RWE in Essen aus. Davon erzählt er wieder voller Aufregung, springt von einer Staffelei zur nächsten, als wüsste er gar nicht wohin mit seinem Tatendrang. Er verspricht sich sehr viel von der Ausstellung: »Einige Leute haben für eine kleine Briefmarke von mir einen Haufen Kohle ausgegeben...«

Auch mit dem Schreiben hat Wackernagel in der Haft begonnen. »Weil ich geschrieben habe, brauchte ich im Knast nicht zu arbeiten. Wenn du die ganzen zehn Jahre über arbeitest, gehst du kaputt.« Inzwischen ist er der Autor zweier Erzählungen und eines Romans. In dem Roman »Gadhafi läßt bitten«, der im März 2002 erschienen ist, beschreibt Wackernagel, wie er mit drei Freunden seine Frau Renate zu einer Ordensverleihung nach Libyen begleitet. Renate, »die letzte tatsächliche Achtundsechzigerin«, ist schon lange von dem Land begeistert und bekommt den Orden für die Gründung und Leitung eines libyschen Solidaritätskomitees von Gadhafi persönlich überreicht.

Auf Wackernagel selbst übt Libyen auch eine gewisse Faszination aus. Diese Faszination geht weit über das Interesse am dortigen politischen System hinaus. Denn wer sich jemals unter das libysche Volk gemischt hat, »wurde von einem so starken Hauch der wunderbaren Merkwürdigkeit der Libyer und ihres Landes angeweht, daß er in einen suchtartigen Wiederholungszwang geriet, den er, wie jeder andere Süchtige, nicht erklären konnte« (»Gadhafi läßt bitten«).

Einen Teil dieser wunderbaren Merkwürdigkeit hat er mit in seine Wohnung genommen. Hinter dem Bochumer Hauptbahnhof hat er sich in einem ehemaligen Fahrradladen niedergelassen. In dem Teil, der früher der Laden war, hat er sein »Kommunikationszimmer« eingerichtet, das frühere Lager ist nun seine Wohnküche. In dieser Wohnküche empfangen den Besucher die exotischen Gerüche der vielen Gewürze, die der Schriftsteller in Tripolis gekauft hat. Hier kocht er sich Kuskus mit Gemüse und frönt der Leidenschaft, arabischen Kaffee mit Kardamom zu trinken.

»Gadhafi läßt bitten« ist jedoch nicht so erfolgreich wie vom Autor erwartet. »Vielleicht komme ich mit dem Roman zu spät, denn offensichtlich interessiert die Geschichte niemanden mehr. Gerade mal zwei Rezensionen sind erschienen!« Er bemüht sich nicht, den aufsteigenden Zorn zu verbergen. Sein Gesicht wird rot, seine Stimme laut. Wieder hält es ihn nicht auf dem Stuhl, und er schreitet auf und ab. Auf Lesungen habe er wohl gemerkt, dass vor allem jüngere Leute ihm Fragen gestellt haben, die zeigten, dass sie sein Werk nicht verstanden haben. Aber dass es sich so schlecht verkauft, habe er nicht erwartet. Vor allem über die schlechte Resonanz in seiner

Wahlheimat Bochum ist der Schriftsteller enttäuscht. »Der komplette Roman ist hier in Bochum entstanden, da müsste mir doch die lokale Presse normalerweise die Bude einrennen!« Dass sie es nicht tut, ist einer der Gründe, weshalb er inzwischen keine Ambitionen mehr hat, mit seiner Literatur an die Öffentlichkeit zu gehen.

»Gadhafi läßt bitten« ist am Laptop an seinem drei Meter langen »Kommunikationstisch« entstanden. Dass er beim Schreiben durch das Schaufenster sehr leicht zu beobachten ist, stört ihn nicht im Geringsten. Im Gegenteil: »Es ist nicht so, dass die Passanten mich beobachten, sondern ich beobachte sie! Das ist typisch Bochum.« Tatsächlich: Die vorübereilenden Leute blicken nur kurz durch das Fenster, um dann unbeeindruckt weiterzugehen.

In der Wand gegenüber des Schaufensters ist der Durchgang zu seiner Wohnküche. Links und rechts des Durchgangs stehen Regale mit unzähligen Büchern. Die meisten Werke von Adorno sind hier vertreten, ebenso Marx und Karl Kraus. Alle alphabetisch geordnet. Besonders während seiner Haftzeit hat er sich mit den philosophischen Abhandlungen beschäftigt. »Zehn Jahre können eine verdammt lange Zeit werden«, sagt er ungerührt. Wenn er auf seine Vergangenheit angesprochen wird, hat man keineswegs das Gefühl, das wäre ihm unangenehm. Dass die Schießerei bei seiner Gefangennahme die längste in der RAF-Geschichte war, erwähnt er, als spreche er vom umschlagenden Wetter. Das Ganze ist eben verdammt lange her.

Damals, als er feststellt, dass sich die gesellschaftlichen Ungerechtigkeiten eben nicht durch das bloße Vorleben harmonischen Zusammenseins in einer Kommune bezwingen lassen, verliebt er sich gerade in Angela Speitel. Angela ist Mitglied der RAF und Wackernagel »fing an zu glauben, dass der Prozess der Veränderung nur mit Gewalt vollzogen werden kann.« Ab 1977 ist auch er bei der RAF, ab dem 5. September 1977 steht auch er auf den Fahndungsplakaten, ab dem 11. November sitzt auch er wegen bewaffneter Politik und Mitgliedschaft bei der RAF im Gefängnis. Aber vorher kommt es zu einer heftigen Schießerei, bei der sein Freund Gert Schneider, mit dem er schließlich verhaftet wird, noch eine Handgranate zündet. Drei Polizisten werden dabei verletzt. »Ich distanziere mich nicht wie so viele andere von unserer Sache. Die Ideen waren gut«, sagt Wackernagel ernst. »Aber natürlich habe ich nach monatelangem Nachdenken erkannt, dass Gewalt das falsche Mittel ist, diese beschissene Gesellschaft zu verändern.«

Während des Prozesses verliebt er sich in Renate, die Frau des Anwaltes von Gert Schneider. Renate lässt sich schließlich scheiden und der Schauspieler schafft es, in die Krümmede verlegt zu werden. »Die von der Bundesanwaltschaft dachten: Schicken wir den mal nach Bochum, die Frau hat bestimmt einen guten Einfluss auf ihn. Womit sie ja auch recht hatten.« 1984 sagt er sich mit Gert Schneider von der RAF los.

Nach seiner frühzeitigen Entlassung nach zehn Jahren wird Wackernagel von den Bochumern so gut aufgenommen, dass er schockiert ist: »All die Jahre habe ich gegen diese Gesellschaft angekämpft und stell' dann fest, dass die überhaupt keine Probleme damit hat, einen ehemaligen Terroristen in ihre Kreise aufzunehmen.« Da er ja immer noch ein sehr schlechtes Bild von der Gesellschaft hatte, muss er sich also eingestehen, dass er sich geirrt hatte. »Und wer gesteht sich schon gern Fehler ein?« Er heiratet Renate und führt mit ihr in den folgenden zehn Jahren ein »bürgerliches Leben« in Langendreer. Er verdient sein Geld mit der Schauspielerei, sie ist Historikerin. Später stellt Wackernagel fest, dass die Ehe nichts für ihn ist, und die beiden trennen sich. »Ich will einfach nicht monogam leben«, sagt er sachlich ohne jedes Zeichen von Verlegenheit. Daran, sich »getreu dem in der Linken sich aus-

breitenden Motto: von der Revolution zur Reproduktion«
(»Gadhafi läßt bitten«) zu verhalten, haben die beiden nie
gedacht. »Keine Kinder in diese Welt!«, sagt Wackernagel,
und sein Gesicht zeigt einen unerwartet harten Zug. Aber
schon bald wird es wieder freundlicher, und er winkt ab.
»Erdi ist ja so was wie mein Zieh-Sohn.«

Erdi wohnt mit seinen türkischen Eltern über dem ehemaligen Fahrradladen. Wenn er eine schlechte Note in der
Schule bekommen hat, kommt Erdis Vater zu Wackernagel
und fragt, was sie bloß mit ihm machen sollen. Im Sommer
spielt der Junge gerne mit seinen Freunden im Hinterhofgarten. Wackernagel liebt es, den Kindern dabei zuzuhören. »Dann ist die Atmosphäre so herrlich fröhlich.« Den
Garten mit den Efeuranken, dem Kräuterbeet und dem
elektrischen Springbrunnen liebt er sowieso: »So was gibt
es auch nur in Bochum: Gleich hinter dem Hauptbahnhof
existiert so ein paradiesisches Plätzchen.«
Auch wenn er nie hier dreht, wird der Schauspieler in
Bochum bleiben. Das liegt nicht zuletzt an den Bochumern
selbst. »Wenn hier einer findet, dass du ein Arschloch bist,
dann sagt er dir das auch. Genauso bekommst du aber
auch zu hören: bist 'n Kumpel. Da wird nicht hinter deinem
Rücken über dich geredet.« So hat er sich hier einen neuen
Freundeskreis aufgebaut.
Mit einigen seiner Freunde spielt er jeden Freitag
Fußball. Die »Schmächtingriesen« bolzen erst eine Runde
und besprechen anschließend das Spiel beim Bier.

Christof Wackernagel also inzwischen ein unpolitischer
Künstler? Nein, durchaus nicht. Eigentlich hatte er für 2003
eine Friedenskarawane durch Afrika geplant. Dabei sollten
200 Künstler aus allen Kontinenten ein Jahr lang durch
Afrika ziehen, um sich gegenseitig kennen zu lernen,
gemeinsam künstlerische Projekte zu veranstalten und
»die geschundenste aller Ideen, die der Völkerver-
ständigung« (»Gadhafi läßt bitten«), zu leben. Alles war

fertig geplant, jedes organisatorische Detail geklärt. Ministerpräsident Wolfgang Clement machte sich persönlich für das Projekt stark. Aber die Öffentlichkeit in Deutschland wollte davon nichts wissen. Und wenn die Öffentlichkeit nicht daran teilnimmt, macht die Karawane keinen Sinn. »Die Karawane war sozusagen die Fortsetzung von Kommune und RAF. Leider ist auch sie gescheitert«, diesmal verleihen die traurigen Augen dem Gesicht einen bitteren Ausdruck.

Aber Wackernagel hat schon wieder ein neues Vorhaben. Diesmal will er das Wahlsystem in Deutschland verändern. Er will erreichen, dass der Wähler »aktiv Nichtwählen« kann. Es soll ein Kästchen geben, mit dessen Ankreuzen der Wähler sagen kann: Ich wähle keine der angebotenen Parteien, aber ich bin nicht unpolitisch. Damit würde er für das politische System, aber gegen die Wahlprogramme der Parteien stimmen.

Christof Wackernagel hält also an dem Plan fest, die Welt zu verändern. Auch wenn er dabei auf Widerstände stößt. Ist so ein Typ ein liberales Arschloch?

LIEBER AUSTEILEN

ALS EINSTECKEN

TOBIAS HAUCKE ÜBER GOIKO JAVANOVIC

»Wie viel?« Unter der schwarzen Wollmütze mustern mich aufgeweckte Augen aus einem südländischen Gesicht. Lärmende Kinder und Jugendliche, alle laufen wild umher. 10 Uhr, Pause an der Cruismannschule. Direkt gegenüber der Eingangstür gibt eine riesige Glasfront den Blick auf den Pausenhof frei. Draußen regnet es. Die Schüler sitzen auf  der steinernen Fensterbank oder jagen sich gegenseitig durch die backsteingemauerte Eingangshalle. Die Stöppkes sind ein bunt gemischter Haufen verschiedenster Nationalitäten. Der Halbwüchsige guckt mich immer noch fragend an: »Wie vi-i-iel?«, die hochgezogenen Augenbrauen und die gespannte Körperhaltung verlangen nach einer Antwort. Die Reaktion will wohl überlegt sein. »Wie viel, für die Jacke?« Der Schalk blitzt aus seinen Augen. Solches Imponiergehabe kennt man, einfach ignorieren und weitergehen. Plötzlich Stimmungsumschwung. »Wo wollen Sie denn hin?« Der junge Mann ist 1,70 m groß, trägt modisch zerschnittene Jeans, weiße Turnschuhe und einen braunen hautengen Pulli. Er kaut Kaugummi und ist auf einmal erstaunlich hilfsbereit. »Das Lehrerzimmer?

Komm mit!« Er bahnt uns einen Weg durch die tobende Schar.

Goiko ist 15 und in der achten Klasse. Wie die anderen Schüler hier hat er Probleme mit dem Lernen. Wie die anderen ist er deswegen erst mal reserviert gegenüber Fremden in der Schule. Er setzt seine tief ins Gesicht gezogene Wollmütze ab - und seine anfängliche Coolness gleich mit. Er fährt sich mit der Hand durch das haselnussbraune Haar, bemüht, es schnell wieder in Form zu bringen. »Eigentlich bin ich blond, in meiner Familie bin ich deswegen der Außenseiter. Alle anderen haben schwarzes Haar«, sagt er lächelnd. »Goiko ist ein jugoslawischer Name«, seine Stimme klingt stolz. Für seine Mitschüler heißt er aber Alex. Das ist ihm auch lieber. »Weil ich in der Kirche auf Alex getauft wurde.« Und außerdem nennen ihn »eh alle so, außer zu Hause, da bin ich Goiko.« Zu Hause ist derzeit Bochum-Riemke. Geboren wurde er in Belgrad. Aber: »Meine Eltern sind direkt nach meiner Geburt nach Frankreich gegangen.« Als er vier war, kam seine Familie dann nach Bochum, »viel lieber« würde er aber noch in Frankreich wohnen.

Frankreich. Er sitzt unruhig, scheint immer auf dem Sprung, aber davon will er unbedingt erzählen. »Meine Eltern, meine zwei kleinen Brüder, meine Schwester und ich fahren oft nach Frankreich, wir wohnen dort bei Verwandten.« Überhaupt hat er viel Verwandtschaft, die es zu besuchen lohnt. »Die sind überall verstreut, Spanien, Italien, aber in Frankreich sind die meisten.« Die Rastlosigkeit hat er von seiner Familie. Mehrmals im Jahr sind sie unterwegs. Nie für lange Zeit an einem Ort. Verweilen fällt ihm schon am Tisch schwer. Er wippt auf seinem Stuhl hin und her, gefährlich weit nach hinten, dann wieder weit über den Tisch gebeugt. Er erzählt seine Geschichten mit spielerischer Kindlichkeit. »In Frankreich bin ich von Marokkanern angemacht worden. Die wollten meine Klamotten und meine Kette.« Wie zum Beweis zeigt er seine silberne Halskette. Er redet sich in Rage. »Was glauben die eigentlich, wer die sind.« Seine Augenbrauen ziehen sich zusammen, sein Gesicht wird ernst. »Ich hab denen gesagt, was wollt ihr - ich zieh euch aus.« Er unterstreicht mit einer abfälligen Handbewegung. In der nächsten Sekunde löst sich sein Ärger, seine Miene hellt sich auf, die großen Augen strahlen wieder. Mit einem verschmitzten Lächeln gibt er zu: »Okay, hab ich Glück gehabt, die waren viel älter als ich.«

Nicht nur seine Stimmung wechselt sprunghaft. Zu Hause und bei seiner Verwandtschaft läuft Goiko ganz anders rum. Dann werden die sportlichen Klamotten gegen Anzug und Krawatte getauscht. »Meine Eltern möchten, dass ich fein rumlaufe.« Den adretten Goiko kennen allerdings nur wenige seiner Freunde. »Gibts einige Leute, die über mich lachen, wenn ich so ankomme.« Eigentlich würde er sich gerne immer so kleiden, wie in seiner Familie üblich, aber »in der Schule wäre das ja übertrieben«. Später will er nur noch Hemd und Krawatte tragen: »Eines Tages kommen die alten Klamotten weg.« Auch wegen der Mädchen: »Kein Vater gibt mir seine Tochter, wenn ich mich nicht gut kleide«.

Auf sein Aus- und Ansehen legt er trotz seiner flapsigen Art großen Wert. »Ich bin stolz auf meine Familie. Meine zwei Onkels in Frankreich sind angesehene Leute. Beim Namen Javanovic haben die Leute in Frankreich Respekt.« Warum das so ist, bleibt eher vage. »Wir haben in Frankreich große Häuser.« Goiko nennt seine Onkel nur »Geschäftsmänner«, Geschäfte machen die hauptsächlich mit Autos. »Nur teure Sportwagen, Mercedes und BMW.« So genau will er das auch gar nicht wissen. Jedenfalls möchte er später auch mal Geschäfte mit Autos machen oder zumindest »Kfz-Mechaniker werden«. Das oder Koch. Denn kochen tut er gerne. Aber »was ein Koch im Monat verdient, hat ein Geschäftsmann in einer Woche.«

Dann doch lieber Geschäftsmann. Seine Zukunftsvisionen schwanken zwischen realer Welt und Träumerei. Die konventionellen Berufsvorstellungen hat er wohl von seinen Eltern. Die gehen nämlich ganz gewöhnlichen Tätigkeiten nach. Seine Mutter arbeitete bis vor kurzem bei einer Reinigungsfirma, sein Vater arbeitet in Hiltrop im Alten- und Pflegeheim. »Mein Vater fährt die alten Leute hin und her.« Ernst sagt er: »Ein ganz normaler Job eben.«

»Guck mal, die Arbeitslosen machen nichts. Trinken den ganzen Tag nur Alkohol, das ist doch kein Leben.« Arbeitslose kennt er aus Riemke. So will er nicht sein. »Deswegen hat Schule schon Sinn«, meint er. Trotzdem, »wenn ich einen schlechten Tag habe, habe ich überhaupt keinen Bock auf Schule.« Bock hat er vor allem nicht auf Sonderschule. Den Ausdruck »lernbehindert« mag er nicht. Bis zur fünften Klasse ging Goiko auf eine so genannte Regelschule. Die Hände in den Taschen seiner ausgefransten Jeans, wippt er auf den Füßen, »Hab mir damals keine Mühe gegeben«, sagt er knapp. Deswegen dann der Schulwechsel zur Cruismannschule. Aber: »Hier kann man sowieso nix lernen«, sagt er mit geringschätzender Miene. »Mathe ist meine Schwäche. Addieren, multiplizieren und dies und das, kein Problem für mich. Aber Bruchrechnung, 3/7 durch 35/2?« Er streckt die Arme von sich und lacht. »Wat soll ich damit? Und helfen tut mir eh kein Lehrer.«

Er hat kein Vertrauen zu den Lehrern. »Die sagen uns 'Ihr seid doch eh lernbehindert'.« Und ergänzt: »Wir sagen den Lehrern nicht, wenn wir was nicht können, da blamierst du dich ja.« Trotzdem will er es schaffen. Er will seinen Abschluss nach der neunten Klasse. Und »nicht nur den Sonderschulabschluss«. Da verlässt er sich dann schon auf das Lehrerurteil: »Mein Klassenlehrer sagt, wenn ich mich anstrenge, schaffe ich den Hauptschulabschluss.« Er zieht die großen Augenbrauen hoch in die Stirn und sagt wie selbstverständlich: »Den würd` ich auch kriegen«, und schiebt mit seinem breiten Lächeln nach: »wenn ich mich

21

anstrenge.« Wenn er sich anstrengt. Ob er sich denn anstrengt, kann er nicht einmal selber sagen. Denn keine fünf Minuten später hört man ihn schon wieder selbstbewusst: »Für mich ist Schule nicht wichtig. Mich interessiert morgens, wenn ich aufstehe, was ich anziehe, und ob ich ein bisschen Geld in der Tasche habe.«

Manchmal sagt er selbst, dass er in zwei Welten lebt. Er erzählt Geschichten wie aus einem anderen Leben, aus Frankreich: »Mein Onkel und ich sind mit zwei Mädchen ausgegangen, im Cabrio und sind in ein schickes Restaurant.« Er lächelt über das ganze Gesicht, redet mit leichtem französischem Akzent über den Tour Eiffel, die Champs Elysées und Klamotten. »Klamotten ohne Ende«, die sein Onkel ihm in Frankreich kauft. Boss, Joop, Armani machen die Stoffe, aus denen seine Träume sind. Und dann das Leben in Bochum, in der Cruismannschule, wo er manchmal das Gefühl hat, dass er von seinen Lehrern belächelt wird. »Schau mal, gibts Lehrer, die normal sind, und welche, die dir immer Sprüche drücken! So wie eben auf dem Schulhof.« Eben auf dem Schulhof hat er sich geärgert. Als die Lehrerin kam und darauf hinwies, dass man für qualifizierte Informationen über die Schule auch andere Ansprechpartner als ihn befragen könnte.

In solchen Situationen fühlt er sich von den Lehrern nicht ernst genommen. Obwohl er weiß, dass er daran nicht ganz unbeteiligt ist. »Ich bin eher der Typ, der immer Sprüche klopft, wenn mir was nicht passt.« Und die Sprüche sind nicht ohne. Da knallt er dem Lehrer sein Aufgabenblatt hin, abfällig: »Bitch, zum Kontrollieren.« Die Lehrerin, die versucht, ihn aus einer Rangelei zu holen, schreit er wutentbrannt an: »Pack mich nicht an.« Später gibt er sich dann wieder reflektiert: »Klar, dass beide Seiten daran schuld sind, wenn es Ärger gibt.« Auch wenn er lieber über seine Lehrer schimpft, in ruhigen Momenten kann er auch mal zugeben, dass es »schon ein paar gute Lehrer« gibt. Leicht haben es die Lehrer nicht mit ihm. Er ist impulsiv, kann manchmal kaum an sich halten. Sein Klassenlehrer meint von ihm, dass er eine Sportskanone sei und sich am Schlagzeug gut machen würde. Da merkt Goiko, dass ihm von Lehrerseite durchaus Vertrauen entgegengebracht wird. Und so lässt er sich auch zu anderen Tönen hinreißen: »Herr Maag ist eigentlich voll in Ordnung, und der Direktor, Herr Schild, meistens auch.«

Am liebsten wäre er nur mit seinen Onkel unterwegs. Seit seine zwei kleineren Brüder da sind, interessiert sich zu Hause keiner mehr für ihn, meint er. »Mein Vater sagt immer nur, ich soll keinen Scheiß machen. Was in der Schule läuft oder so, fragt er nie.« Einerseits ist er stolz darauf dazuzugehören, zu den »Javanovics«. Der gute Name, die feinen Klamotten und so. Es stört ihn aber, dass sein Vater sich ausschließlich um die Kleiderordnung sorgt. »Letztens wollte er mir eine neue Lederjacke für 200 Euro kaufen, da hab ich nein gesagt.« Manchmal nervt ihn das Getue um die schicken Klamotten dann doch: »Meine Landsmänner fragen meinen Vater, ob ich Drogen nehme, nur weil ich keinen Anzug trage.«

Seine »Landsmänner« kommen aus dem ehemaligen Jugoslawien. Neben Frankreich und Deutschland seine dritte »Heimat«. »Wo du geboren bist, ist doch immer Heimat, egal wo du wohnst.« Jugoslawisch ist auch seine Muttersprache. »Wir sprechen zu Hause wie Roma.« Roma sein will er aber nicht. Er sagt »Serbe«. »Wenn mich einer Zigeuner nennt, kümmert mich das nicht«, sagt er betont locker. Er deutet mit den beiden Zeigefingern an die Ohren, »das geht hier rein, und da wieder raus«. Wie immer hat er eine einleuchtende Erklärung parat. »Nur weil einer Französisch spricht, ist er doch auch nicht gleich Franzose.«

Er sagt, er habe »gar keine richtigen Freunde«, und um das zu bekräftigen, verschränkt er die Arme vor der Brust und setzt eine ernste Miene auf. Aber so ernst will er gar nicht sein. »Na, gut. Schon zwei, drei gute Freunde. Aber keinen, auf den ich mich 100 % verlassen würde«, schiebt er schnell hinterher. Es scheint, als sehe er sich manchmal gerne in der Rolle des Außenseiters. »Ich bin mir bei keinem sicher, ob er nicht hinter meinem Rücken labert.« Nur Abdul war ein »richtiger Kumpel«. Abdul besucht die gleiche Klasse. Sie reden schon seit einem halben Jahr nicht mehr miteinander. Damals gab es Zoff wegen eines Mädchens. »Abdul hat seiner Freundin alles mögliche verboten.« Das hat Goiko nicht gefallen. »Wir haben uns gestritten und geboxt.« Er meint, er würde seine Freundin nicht so einschränken. »Die könnte ruhig mit anderen Jungs zu tun haben, mach ich doch auch.« Auch wenn er sauer auf Abdul ist, gibt er zu, dass er das schon ein bisschen vermisst, »das mit der Freundschaft und dem gegenseitigen Vertrauen«.

So allein ist er dann aber doch nicht. Wenn er »raus geht«, ist er meist mit einem Haufen anderer Jugendlicher unterwegs. »Wir treffen uns immer vor dem Hauptbahnhof.« Er lacht und wischt dabei mit weit ausholenden Bewegungen der Arme über den Tisch. Er ist begeistert: »Weißt du, erst ist nur einer da, und dann kommt der und der und der. Und dann sind wir ein riesiger Haufen.« 15 oder mehr sind sie. Und dann gehts los. In die Disko. »Gibts ne Menge, wo wir hingehen. Ins Tarm Center, Westend, Taksim, Q Club« zählt er stolz an den Fingern auf. »Falls 'ne Boxerei ist, sind wir immer genug Leute.« Obwohl er ja eigentlich von Boxereien nichts hält. Eigentlich. Nur wenn er provoziert wird, beteuert er. »Irgendwann hast du keinen Bock mehr«, sein offener Blick verhärtet sich, er spitzt die Lippen, »dann siehst du schwarz und schlägst zu.« Nach einer kurzen Pause sagt er mit fragendem Blick: »Würdest du doch auch machen, oder?« Was ihn alles provoziert, sagt er nicht so genau.

»Wenn einer halt Arschloch, Hurensohn oder so zu mir sagt. Lieber teil ich dann aus, als selber einzustecken.«

»In Deutschland ist schon ein sehr gutes Leben«, er versucht seine Stimme bedeutungsschwanger klingen zu lassen. Man ahnt, dass Goiko sich als Gast nicht beschweren würde. »Aber ich werde nie wie ein Deutscher sein. Will ich auch nicht. Meine Wurzeln sind woanders.« In Jugoslawien. Da will er aber nicht leben. »Milosevic hat alles kaputt gemacht da unten. Früher konnte man auf den Straßen singen und tanzen. Heute wird man deshalb ins Gefängnis gesteckt.« Für die Behörden ist Goiko Franzose. Glaubt er zumindest. Nach Frankreich will er später vielleicht mal, wenn er genug Geld verdient. »Guck mal, in Frankreich ist alles so teuer, ohne eigenes Geld kannst du da nicht überleben.« Was in Zukunft sein Zuhause sein wird, kann er noch nicht sagen. »Ich weiß nur, dass wir demnächst irgendwann deutsche Papiere bekommen sollen.« Aber das interessiert ihn eigentlich gar nicht. »Nur weil jemand neue Papiere hat, ist er doch auch nicht anders.«

Plötzlich tritt eine Lehrerin in den Raum. Erstaunt, ihn um diese Uhrzeit noch in der Schule anzutreffen, fragt sie halbernst: »Was machst du denn noch hier? Hast du kein Zuhause?« Goiko schaut mich an, blinzelt und sagt lächelnd: »Siehst du, das meine ich! Die Lehrer verstehen mich nicht.«

EINE SEELE IM VORHOF DES SCHAUSPIELHAUSES

JÖRN-JAKOB SURKEMPER ÜBER ELLI-MARIA ALTEGOER

Bei Tante Emma um die Ecke ist für viele die Welt noch in Ordnung: keine langen Schlangen an der Kasse, kein Gedrängel und Gehetze, sondern immer noch ein bisschen Zeit für einen Plausch in vertrauter Atmosphäre. Doch wo gibt es ihn überhaupt noch, den guten alten Tante Emma-Laden, und wer geht da in Zeiten der Super- und Schnäppchenmärkte überhaupt noch einkaufen? Wer mit offenen Augen durch Bochum geht, der findet vielleicht hier und da noch einen solchen Laden, wie den von Elli-Maria Altegoer in der Königsallee 72 (Ecke Farnstraße), unweit vom Schauspielhaus.

Dem eiligen Blick eines unaufmerksamen Passanten könnte der Laden fast entgehen. Das Eckhaus kurz vor dem Eingang in den Südpark ist etwas tiefer gelegen als die Straße. Ein kurzer Weg führt über die kleine Rasenfläche zu dem Laden mit den zwei Schaufensterscheiben. Aufmerksamkeit erregt zunächst nur die etwas antiquierte Schaufensterwerbung mit dem Schriftzug »BRAVO«, die vermuten lässt, so alt zu sein wie der Laden selbst. Na ja, ganz so alt ist sie dann doch nicht: circa 10 Jahre jünger als der Laden, den es immerhin schon seit Beginn der 60er gibt. Durch die linke Schaufensterscheibe fällt der Blick auf zwei durchsichtige Plastikenten gefüllt mit Flüssigseife. Daneben steht ein kleiner Strohbär. »Tabakwaren - Elly Altegoer - Schreibwaren« steht klein gedruckt über dem Werbeschild der Frankfurter Allgemeinen. Elli wird eigentlich mit »i« geschrieben, aber als einmal die »Bremme-Brauerei« ein Werbeschild anbringen wollte und fragte, wie die Inhaberin denn geschrieben werde, dachte sich Elli: Mit »y« sieht's besser aus. »Und die von der FAZ haben gar nicht erst gefragt und das einfach übernommen.«

Drinnen gibt es weitaus mehr als Tabak- und Schreibwaren. Fast alles, was man irgendwie gebrauchen könnte: von Unterhosen und Socken über Eierkocher, Süßigkeiten, Fertiggerichte, Obst und Gemüse, Wurst, Käse bis zu Zeitungen und Magazinen. Der Laden teilt sich in zwei Räume: Der Raum hinter der rechten Schaufensterscheibe ist ein Miniatursupermarkt. Eine winzige Wurst- und Käsetheke befindet sich am Ende des Raumes. Auf der rechten Seite ist noch eine kleine Backwarentheke. Ansonsten sind die Wände mit Regalen verkleidet, auf denen ringsherum geflochtene leere Präsentkörbe unterschiedlicher Größe liegen.

Der andere Raum ähnelt einem ganz normalen Kiosk. In der Mitte des Raumes stehen zwei Stehtische. Auf einem liegen Postkarten von »Die Marquise von O.«, einem Stück des Schauspielhauses. Irgendwie ist die Atmosphäre aber doch anders als in sonstigen Büdchen: Sind es die Plastikenten im Schaufenster, die erlesene Auswahl von Kleidungsstücken, die auf einem Ständer hängen, die verschiedenen Grußkärtchen, die man zu besonderen Anlässen schreibt? Oder sind es diese selbstgemachten grünen Papierkränze? Wahrscheinlich ist es einfach die Kombination dieser Waren, die man in einem normalen

Kiosk kaum antrifft. Und dann ist da natürlich noch die fast 63-jährige Dame in weißem Verkäuferinnenkittel mit den nach hinten hochgesteckten Haaren.

Ein Hauch von Weiß hat sich wie ein Schleier über ihr Haar gelegt, welches darunter noch unverkennbar gold-blond schimmert. Ihr schmales, freundliches Gesicht ist bekleidet mit einer dünnrahmigen goldenen Brille: Elli-Maria Altegoer eben. Aber alle sagen nur Elli.

Und wer sich vorher noch etwas über das skurrile Warensortiment gewundert hat und vielleicht erstaunt war, dass es einen solchen Laden überhaupt noch gibt, der hätte Elli vielleicht vermisst, wenn sie nicht auf einmal aus dem kleinen Raum hinter der Theke käme, um das idealty-pische Bild eines Tante Emma-Ladens zu vervollständigen. Nach spätestens einer Kaffeelänge an einem der beiden Stehtische merkt man, dass sich der Laden nicht nur in optischer Hinsicht von anderen Läden unterscheidet und dass es sich nicht um die Inszenierung eines Nostalgikers handelt, sondern um das wirkliche Leben von Elli Altegoer und vielen anderen Menschen, die hier tagtäglich vorbei-schauen.

Elli ist schon fast eine Prominente. In einer Kiste sam-melt sie neben einigen Fotos auch Zeitungsartikel über sich und den Laden. Und seit kurzem sind sogar zwei Fernsehaufzeichnungen vom WDR dabei; eine erst vom Vorabend meines ersten Besuches. Denn aufgrund der Nähe zum Schauspielhaus gehen in Ellis Laden Schau-spieler ein und aus. Darunter auch solch berühmte wie der »Late-Talker« Harald Schmidt. Die WAZ berichtete über seinen Besuch bei Elli. Auch Armin Rohde (»König Richard«, »Der bewegte Mann«) hat Elli und ihren Laden lieb gewonnen. Auf einer Autogrammkarte nennt er ihn den »schärfsten Laden im Revier«. Genau wie Matthias Hartmann, Intendant des Schauspielhauses, ist er fast täg-lich hier. Und als er dann bei der WDR-Talkshow »Zimmer frei« eingeladen war, war ein Kamerateam bei Elli im

Laden und hat sie und die anderen Anwesenden zu Armin befragt.

Aber nicht nur das Schauspielhaus sorgte bei Elli für prominenten Besuch: Schon Herbert Grönemeyer kaufte sich als Kind bei Elli seine Süßigkeiten, lange bevor er bekannt wurde. Ellis Vater machte bei den Grönemeyers den Garten. Ein Foto zeigt ihn mit dem kleinen Herbert an der Hand. Als Herbert Grönemeyer später bei Ellis Nichten und Neffen ziemlich angesagt war, gab sie mit dem Foto an. Bis er so 15 - 16 Jahre alt war, kam er noch regelmäßig in ihren Laden; später aber dann nicht mehr, was Elli sehr bedauert: »Das hätte ich ja gerne, dass der nochmal bei mir im Laden vorbei schaut«, sagt Elli. Herberts Eltern wohnen noch heute ganz in der Nähe in der Arnikastraße.

Während ich meinen Kaffe an einem der Stehtische trinke und versuche, wie ein normaler Kunde zu wirken, erzählt Elli beim Plausch mit ihren Kunden von ihrem Fernsehauftritt am Abend zuvor, wie ein paar Tage vorher das Kamerateam mit dieser riesigen Kamera in den Laden kam und wie aufgeregt sie doch war. »Die haben das vielleicht spannend gemacht«, erzählt sie sichtlich amüsiert darüber, welch riesen Aufwand da ihretwegen veranstaltet wurde. Bei dem Rummel, der selbst für Ellis Laden ungewohnt ist, fragt eine andere Dame sie scherzhaft, wann denn die Leute von Hollywood kämen. »Hier der junge Mann vielleicht«, antwortet Elli herzhaft lachend, indem sie auf mich zeigt. Der Versuch, wie ein normaler Kunde zu wirken, dürfte mir damit wohl misslungen sein. Spontan steckt mich ihr Lachen an, wohl wissend, dass ihre scherzhafte Vermutung schon in die richtige Richtung ging. Als ich Elli für dieses Porträt auswählte, ahnte ich nicht, dass sie schon derart im »öffentlichen Interesse« steht. Mich interessieren solche »Tante Emma-Läden«, in denen so mancher noch eine heile Welt vermutet und die zumindest in meiner Wahrnehmung immer seltener werden. Wer sind die Menschen, die solche Läden am Leben erhalten? Wie sieht ihr Alltag aus? Welche Geschichte haben sie und was treibt sie jeden Morgen wieder in ihren Laden? Schnell ist das Eis gebrochen und die Unsicherheit verflogen. Bevor ich jedoch den Mut fasse, Elli über mein Vorhaben zu informieren, will ich meinen Kaffee bezahlen. »Ach, lass mal stecken. Der geht aufs Haus.«

Wer Ellis Tag einmal von Anfang an mitbekommen möchte, muss früh aufstehen. Um 4.30 Uhr gehts los. Den Weg von Stiepel zu ihrem Laden fährt sie meist mit dem Auto; im Sommer, wenn schönes Wetter ist, auch mit dem Rad. Frühstücken tut sie dort, denn ihre Bäckerei liefert die Brötchen jeden Morgen um halb sechs. Dann noch schnell die Obst- und Gemüsekästen vor der rechten Schaufensterscheibe aufgebaut, das Vordach ausgefahren und die Kunden können kommen. Kurz nach sechs ist es dann auch soweit: »Morgen, Elli!«, sagt die dunkelhaarige Frau, so um die 30. »Och, Gitte-Schätzchen«, begrüßt Elli sie, so als hätten sie sich schon länger nicht gesehen, »das ist ja eine Überraschung.« Kurz darauf kommen auch Karin und Martin. Auch sie werden herzlich begrüßt. Man kennt sich einfach. Fast immer, wenn jemand in den Laden kommt, freut Elli sich aufs Neue. Natürlich kommt auch schon mal jemand, der sich auf dem Weg zur Arbeit nur eben eine Zeitung kauft, aber die meisten nehmen sich Zeit für ihren Einkauf und trinken erst einmal einen Kaffee.

Es dauert nicht lange, und es hat sich ein Grüppchen um die beiden Stehtische gebildet, und Elli sorgt dafür, dass immer frischer Kaffee in den beiden Thermoskannen bereit steht. In unverkennbarem Ruhrpottslang redet man über die Titelseite der Bildzeitung und das schlechte Wetter. »Ja, ich hatte eine Affäre« steht in großen Lettern unter dem Bild einer bekannten Schauspielerin. »Wen das wieder interessiert?«, fragt sich Gitte kopfschüttelnd. Auch Ellis Mann Heinrich ist inzwischen dazu gestoßen. Heinrich ist übrigens - einige werden schon spekuliert haben - der Vetter von Werner Altegeor, dem Präsidenten vom VfL.

Eine junge Frau, die irgendwann herein kommt, hat eine gewisse Ähnlichkeit mit der Schauspielerin auf der Postkarte »Die Marquise von O«. »Morgen, Dörte«, sagt Elli. Und tatsächlich: Es ist Dörte Lyssewski. Sie wohnt im gleichen Haus und ist mal eben runter gekommen, um sich eine Zeitung zu holen. Während Elli neuen Kaffe einschenkt, lässt sich Heinrich von Dörte ein Autogramm auf eine der Postkarten geben. »Hier der junge Mann will auch eins«, behauptet Heinrich. So schnell gehört man dazu.

Um 6.45 Uhr besprechen Elli und Heinrich den Einkaufszettel. »Bring noch ein bisschen frisches Gemüse mit. Siehst du ja, was gut aussieht«, sagt Elli zu Heinrich, während er die Klinke schon in der Hand hält. Dann fährt er los. Seit acht Jahren ist er mit der Maloche bei Opel fertig, und seitdem macht er den Einkauf »bei der Ratio«, dem Großmarkt. Ganz will Elli ihm das aber nicht überlassen. »Manchmal muss ich dann doch selbst los.« Letztens habe er eine Kiste gammeliger Gurken mitgebracht. »Das könnte mir im Leben nicht passieren«, sagt Elli. Dann wird selbst sie etwas lauter. »Das ist dann der Zeitpunkt, wenn die Leute fragen: Kriegen wir schlechtes Wetter? Der Heinrich fliegt heute wieder so tief.« »Ja, mit ihrem Heinrich ist die Elli manchmal etwas ungeduldig«, bestätigen auch Martin und Karin. »Die Elli hat es immer so eilig«, wird Heinrich später lächelnd sagen. »Dies muss noch gemacht werden, das muss noch gemacht werden. Dann frage ich die Leute nachher: War das so eilig? 'Nein', sagen die. Aber für Elli mach ich das ja gerne.« Heinrich erledigt nicht nur die meisten Einkäufe fürs Geschäft. Älteren Leuten, die nicht mehr so gut laufen können, bringt er die Waren aus dem Laden sogar nach Hause.

Um 7.40 Uhr kommen im Morgengrauen die ersten Schülerinnen und Schüler, die sich auf dem Weg zum Schiller-Gymnasium oder der Graf-Engelbert-Schule mit

Süßigkeiten eindecken. Zum ersten Mal ist es richtig voll, und auch Mitarbeiterin Anne kommt.

Seit über 30 Jahren hat Elli den Laden jetzt schon. Lange Zeit hat sie ihn ganz alleine geschmissen, bis sie vor 12 Jahren noch mal expandieren konnte. Denn in der linken Haushälfte, in der jetzt der »Kiosk-Teil« ihres Ladens ist, war früher »Lotto-Totto«. Die Lotto-Firma entschied sich damals für einen anderen Standort, an dem mehr los sei, und da nahm Elli den Laden einfach noch mit dazu. Erst seitdem beschäftigt sie vormittags Anne, ihre Schwägerin, und nachmittags ihre Schwester Elke. Nicht, dass sie es nicht mehr geschafft hätte, aber die beiden Räume konnte sie alleine nicht mehr überblicken.

»Für 50 Cent von der Nummer 6 und zu 30 Cent von Nummer 15«, sagt ein Sechstklässler, und Anne greift in die entsprechenden Plastikbehälter und packt Weingummi in eine trichterförmige Papiertüte, während Elli im anderen Raum eine ältere Dame bedient.

Allein ist Elli in ihrem Laden selten. Durcheinander kommen Menschen unterschiedlichster Generationen, Berufe und Einkommensstufen. Heute ist es zum Beispiel die Oberstudienrätin der Graf-Engelbert-Schule Frau Reinert, die in ihrer freien Stunde mal eben zu Elli rüber kommt. Genauso wie der Hausarzt von nebenan, Dr. Kretsch, der Elli nur »sein Spätzle« nennt. Er ist nebenbei Verleger und erzählt von einem ethnologischen Roman über eine neuseeländische Ureinwohnerin und ihren Kampf gegen die Vorherrschaft der Weißen.

Einige der Kunden kommen sogar extra mit dem Auto aus anderen Stadtteilen. »Da gibt es Leute von nebenan, die gehen jeden Tag hier an meinen Laden vorbei und waren noch nie hier drin. Und dann gibt es welche, die kommen extra aus Gerthe, um bei mir einzukaufen«, sagt Elli. Das Horoskop, die kleinen alltäglichen Wehwehchen und immer wieder das Wetter sind dominierende Themen. Da ist die ältere Dame, deren Hund am Morgen weggelaufen war, der dann aber doch nach einigen bangen Stunden wieder vor der Tür stand und dem sie nicht mehr so recht böse sein kann. Oder die 35-jährige Hausfrau, deren Kinder Masern hatten, bei der Elli sich nach dem Wohlbefinden der lieben Kleinen erkundigt. Oder der Handwerker Mitte 30, der sich auf der Seite seines Autos einen langen Kratzer zugezogen hat und darüber spekuliert, ob die Versicherung das wohl zahlen wird. Natürlich gehen alle Anwesenden hinaus, um den Schaden zu begutachten. Elli hat für alle ein offenes Ohr und nimmt an den Freuden und Sorgen ihrer Kunden teil, als wären es ihre eigenen. Oft hat sie auch noch eine eigene Geschichte hinzuzufügen.

Und sie erzählt, wie eine Freundin einmal gegen den einzigen Baum auf einem riesigen Parkplatz gefahren war und ein Freund sich furchtbar über diese Dusseligkeit aufgeregt hat. »Zwei Wochen später ist der dann selber gegen den Baum gefahren«, erzählt Elli mit einem Hauch von Schadenfreude. Alle Anwesenden hören gebannt zu, und alle müssen bei der Pointe schmunzeln, auch wenn einige die Geschichte wahrscheinlich nicht das erste Mal hören.

»Och, was hast du dich heute schick gemacht«, sagt Elli zu einer Dame vielleicht Ende 50, »hast du eine Verabredung?« und die Angesprochene strahlt über das ganze Gesicht.

»Das ist einfach gelebte Herzlichkeit«, sagt Ellis Freundin Gitte. »Eine richtige Auftankstelle für das ganze Viertel.« Um »Aufzutanken« muss Freundin Hilde Zellmar mindestens einmal am Tag zu Elli. »Dafür riskiere ich sogar meine Ehe«, sagt sie, »denn mein Mann findet es gar nicht so gut, wenn er mich dauernd mit Elli teilen muss.« Hilde, die mit der großen Klappe, wie Elli sie liebevoll beschreibt, ist auch eine gemeinsame Freundin Armin Rohdes und dessen Frau Angela von Schilling. Zusammen haben sie Elli sogar eine Ehrenurkunde und den Titel

»Rakete von Ehrenfeld« verliehen. »Weil sie morgens um
sechs genau so freundlich und aufgeschlossen ist wie
abends um sechs«, begründet Hilde die Auszeichnung.
Und sie erzählt, wie einmal eine etwas verwirrte ältere
Dame in den Laden kam und ihr Auto nicht mehr wieder
fand. »Da hat die Elli zu mir gesagt: 'Kannst Du mal hier
'ne Viertelstunde auf den Laden aufpassen?' Und dann ist
sie mit der Dame durch die Straßen gefahren und hat das
Auto gesucht - bis sie es gefunden haben.« Elli gibt sich
bescheiden: »Das hätte doch jeder andere auch getan.«

1965, drei Jahre bevor Elli den Laden von ihrem Bruder
übernahm, sollte sie eigentlich nur dort aushelfen, weil ihre
Schwägerin schwanger wurde. Doch nach drei Jahren, als
ihre Schwägerin den Laden wieder hätte machen können,
war schon das nächste Kind unterwegs, und so übernahm
Elli den Laden dann ganz. Den Kunden fiel es nicht mal
auf, dass der Besitzer gewechselt hatte. »Tja, und daraus
sind dann über 30 Jahre geworden«, erzählt Elli und wird
etwas nachdenklich. »Nein, etwas anderes zu machen,
daran habe ich nie gedacht. Der Laden war immer mein
Leben«, sagt sie, als wäre es das Selbstverständlichste von
der Welt. Einige der Kunden sind ihr bis heute treu geblieben. »Vertrauter ist es geworden«, sonst habe sich im
Viertel nicht viel verändert. »Das ist ja auch das Schöne an
der Arbeit: Wenn hier die Leute seit Jahren jeden Tag vorbeikommen, kennt man sich ja irgendwann einfach. Man
weiß, was die machen, wie es ihnen geht, und die wissen,
wie es mir geht. Ich mach mir ja schon immer Sorgen, wenn
mal jemand ein paar Tage nicht kommt, ohne sich abzu-
melden. Bei älteren Leuten ruf ich dann auch an, und wenn
sich keiner meldet, fahr ich da auch vorbei und guck, ob
alles in Ordnung ist.« Besonders schwärmt Elli davon, dass
auch viele junge Leute in ihren Laden kommen: »Einfach
schön, wenn man so sieht, wie Kinder erwachsen werden
und dann eines Tages mit dem eigenen Nachwuchs im
Laden stehen.« Den fast 30-jährigen Jörg z.B. hat Elli auf-

wachsen sehen. Und auch heute ist er immer noch fast täglich hier. Geradezu mütterlich umsorgt Elli ihn und so viele andere, als gehörten sie alle zur Familie.

Ellis Laden ist über die Jahre zu einer Art soziokulturellem Treffpunkt für das Viertel geworden. Mehrmals im Jahr veranstalten Elli und Leute aus dem Viertel richtige kleine Stadtteilfeste um den Laden herum: Kurz vor Ostern gibt es einen Osterbasar. Einige Anwohner, Kunden und Freunde verkaufen dann an kleinen Ständen Selbstgebasteltes aus Pappe, Ton oder Tiffany. Kurz vor den Sommerferien gibt es noch ein Sommerfest. »Einer der Anwohner ist bei der Feuerwehr. Der kommt dann immer mit der Gulaschkanone und einem großen Grill«, sagt Elli. »Die Anwohner verkaufen aber auch noch selbstgemachtes Essen.« Die Attraktion des Festes ist die Tombola: »Bei der gabs sogar mal einen Rundflug zu gewinnen, den ein Nachbar gespendet hatte.« Die Einnahmen vom Sommerfest kommen alle dem Hildegard-Hospiz zugute. »Einmal sind da sogar über 2.000 Mark zusammengekommen«, erzählt Elli stolz.

Elli bezeichnet sich selbst als Rudeltyp. »Ich habe gerne viele Menschen um mich herum. Das war schon immer so.« Als die Viertälteste von insgesamt neun Kindern kennt Elli es auch gar nicht anders. Verbrachte sie doch die meiste Zeit ihrer Kindheit, ja ihres Lebens, in der fast ländlichen Abgeschiedenheit der Nachtigallstraße in Stiepel, wo sie noch heute mit Heinrich und einigen Geschwistern lebt.

Ellis Vater war Bergmann auf der Zeche »Carl-Friedrich«. Daher kannte er übrigens auch den Vater von Herbert Grönemeyer. »Der war da auf der Zeche irgendein hohes Tier«, erinnert sich Elli. Vom Bergbau hat Elli selbst aber nicht mehr viel mitbekommen. In der Gegend um die Nachtigallstraße gab es schließlich keinen Bergbau im großen Stil. Nur einer ihrer Nachbarn hatte noch einen eigenen Schacht, »wo er privat Kohlen gebuddelt« hat. Die Luft war aber vom Bergbau und der Industrie auch in Stiepel wesentlich schlechter als heute, erinnert sich Elli: »Weiße Wäsche draußen aufhängen war unmöglich.«

Die Nachtigallstraße ist ein holpriger Privatweg - links und rechts nur Bäume und Wiesen. Kaum zu glauben, dass man sich noch in Bochum befindet. Nach Süden erstreckt sich die Aussicht ins Tal. Bis Hattingen-Welper reicht die Sicht. Das Haus Nr. 15, wo Elli lebt, ist links am Ende der Straße und sieht fast aus wie ein Neubau - ist aber keiner. Als Elli, Heinrich und zwei ihrer Schwestern mit ihren Männern das Haus vor gut 15 Jahren gekauft hatten, haben sie es komplett renoviert und auch noch angebaut. Aus dem Dachboden haben sie noch eine eigene Etage gemacht, in der jetzt Elli und Heinrich wohnen. Gegenüber befindet sich Ellis Geburtshaus, in dem sie bis zum Hauskauf gewohnt hatte. Fünf Schwestern und drei Brüder hatte Elli ursprünglich. Zwei Schwestern und ein Bruder sind bereits verstorben. Ein Bruder wohnt in Herne. Die restlichen fünf leben noch alle hier in den beiden gegenüberliegenden Häusern.

Im Treppenhaus der Nr. 15 hängen Fotos, die das Haus vor und während der Renovierungsarbeiten zeigen. Die Einrichtung in Ellis Wohnung ist bürgerlich, gemütlich, aber nicht unbedingt bieder. Ein typisches Wohnzimmer eben mit Sitzecke, einer kleinen Theke und einem Esstisch. Kaum zu glauben, dass hier früher nur ein Dachboden war. Durch das große Fenster nach Süden kann man auf den gepflegten Garten und auf das Weitmarer Holz blicken, das direkt hinter dem Garten beginnt. Elli erinnert sich, wie sie dort als Kinder gespielt haben, »wie eigentlich Kinder spielen sollten«. Buden und Schaukeln haben sie dort gebaut. Auch ein alter Zechenturm gehörte zu den Spielplätzen. »Natürlich haben wir auch Streiche ausgeheckt«, erzählt sie lachend. Da ließen sie auch mal ein paar Tomaten oder Äpfel aus irgendwelchen Gärten mitgehen.

Das Zugpferd will Elli bei solchen Aktionen aber nie gewesen sein. »Ich ließ mich immer gerne mitreißen«, sagt sie.

Als Jahrgang '39 hat Elli den Krieg und die Jahre danach miterlebt. »An das Bunkerlaufen kann ich mich noch schwach erinnern. Mein Großvater wollte nie mitkommen, weil er immer meinte, auf das Haus aufpassen zu müssen. Aber so konnte er einmal eine Brandbombe wieder aus dem Haus schmeißen.« Dank der fast ländlichen Lage blieb die Familie aber sonst weitgehend vom unmittelbaren Krieg verschont. Hunger litt die Familie, anders als viele Menschen in den Städten, nie: »Wir hatten ja unseren Garten«, erzählt Elli, »da haben wir unser eigenes Gemüse angebaut.« Auch Schweine, Hühner und Kaninchen hielten sie dort.

Schwieriger empfand Elli eher die Zeit, als alles wieder zu haben war, sie aber auf vieles verzichten mussten. Aus einer reichen Familie stammt sie schließlich nicht. »Spielsachen wie heute waren damals gar nicht vorstellbar«, erinnert sie sich. Ihr fällt ein, wie sie einmal für die Puppe einer Freundin sechs Eier bezahlt hat: »Die Puppe war ganz hässlich«, erzählt sie, »die hatte einen Pappkopf und einen Stoffkörper, aber ich liebte diese Puppe. Mit der durfte ich immer spielen. Meine Freundin hätte mir die Puppe auch geschenkt, aber die hatte eine Großmutter, die war 'ne ganz Raffinierte. Die hat gesagt: 'Für sechs Eier kannst du die Puppe haben.' Und so habe ich jeden Tag im Hühnerstall geguckt, bis ich die sechs Eier zusammen hatte.«

Trotz aller Einschränkungen schwärmt Elli von ihrer Kindheit und dem Zusammenhalt in der Familie: »Das war so was von schön, dieses Familienleben, wie man es sich als Kind nur wünschen kann. Da war immer einer für den anderen da.« Und ohne jeden Zweifel: Elli hat viel von dieser Familienatmosphäre mit in ihren Laden gebracht.

Als Heinrich vom Einkauf zurückkommt, tragen alle gemeinsam die Ware in den Laden. Auch ein Kunde hilft mit. Immer wieder ist das gute alte Wetter Thema: Sturmböen mit Windgeschwindigkeiten von bis zu 110 km/h sollen über NRW hinwegziehen, berichtet Heinrich. Irgendwann fragt er, ob Elli schon die Geschichte mit dem Schwimmbad erzählt hat. Als ich verneine, will er anfangen zu erzählen, bricht aber nach kurzer Zeit wieder ab. »Elli, das musst du erzählen.« Und zu mir gewandt: »Meine Elli kann das nämlich viel besser.« Er hält einen Moment inne, und mit leuchtenden Augen sagt er: »Ja ja, auf meine Elli bin ich stolz.« Und dann erzählt Elli, dass die Stiepeler, zu denen sie ja nun auch gehört, immer den Ruf hatten, etwas merkwürdig zu sein. »Einmal hatten wir etwas Geld gekriegt, um ins Stadtbad zu fahren«, erzählt sie.» Ich weiß gar nicht, wie alt wir damals waren - ich war vielleicht so acht oder neun. Die hatten zwar damals auch Umkleidekabinen, aber irgendwie trauten wir der Sache nicht. Jedenfalls haben wir uns dann auf der Treppe im Schwimmbad umgezogen. Meine kleine Schwester konnte noch nicht schwimmen und hat deswegen auf die Klamotten aufgepasst. Als wir uns dann nachher wieder umgezogen haben, kam der Bademeister, der so was wohl noch nie erlebt hatte, und fragte: 'Wo kommt ihr denn her?' Wir antworteten ganz brav: 'Aus Stiepel', worauf er dann sagte: 'Ja, das sieht man!'.«

Nicht nur als Stiepeler wurden Elli und ihre Geschwister manchmal wie Außenseiter betrachtet, auch in der kleinen Schule »unten am Varenholt« wurden sie manchmal komisch angeguckt. »Neun Kinder waren auch damals nicht mehr üblich«, weiß Elli. »Das war für viele ganz was Schlimmes. Da war es manchmal schwierig, von den Mitschülern akzeptiert zu werden.« So war der Zusammenhalt unter den Geschwistern um so wichtiger: »Wer die jüngeren hänselte, hatte nichts zu Lachen«, erzählt Elli stolz.

An einen ihrer Lehrer erinnert sie sich besonders: Lehrer Wieschemann. »Der hat immer seine Hand über uns gehalten.« Später traf sie ihn dann einmal zufällig vor ihrem

Laden. Zweimal in der Woche kaufte er dann bei Elli ein, und sie unterhielten sich über die Schulzeit. »Das war schön. Ich hab den im Alter noch richtig betreut.«

Nach der Schule begann Elli dann mit der Lehre in einem kleinen Einzelhandelsladen auf der Kemnader Straße. Dort hatte sie vorher schon selbst eingekauft und in der Schulzeit gelegentlich ausgeholfen. Dabei war Verkäuferin sicherlich nicht von vornherein ihr Traumjob. »Du hast ja als Kind Flausen im Kopf. Was ich nicht alles werden wollte. Schriftstellerin, Schauspielerin - alles mögliche. Aber das hätten meine Eltern gar nicht zugelassen. Für die waren das alles keine ordentlichen Berufe.« Mit ihren Eltern hat Elli sich aber deswegen nicht angelegt. »Daran war damals noch gar nicht zu denken«, sagt sie.

Nach der Lehre war sie zunächst noch bei der »Weach«, einer Lebensmittelkette, angestellt, wo sie Heinrich kennen lernte, der auch ihr erster richtiger Freund war. Ein halbes Jahr später waren sie dann auch schon verheiratet. Damals war sie 22 Jahre alt.

Was Jungs betrifft, war Elli eher ein Spätzünder. »Ich war, als ich in die Pubertät kam, Jungs gegenüber super schüchtern. Ich war immer eher der Haudegen und kletterte lieber auf Bäume, anstatt mich für Jungs zu interessieren. Noch mit 18 hing ich immer nur zu Hause rum statt auszugehen. Selbst meine Eltern machten sich schon Sorgen, und die waren ja in der Beziehung auch eher weltfremd.« Eine Freundin hat sie dann aber doch mal überredet, mit ihr in den Lindenhof an der Kemnader Straße zu kommen. Dort war samstags immer Tanz. Doch immer wenn die Kapelle anfing zu spielen, sei sie aufs Klo gerannt. »Ich hatte Angst, mich hätte einer zum Tanz geholt«, erzählt sie und lacht dabei Tränen.

Nachdem sie geheiratet hatte, trennte sie sich zum ersten Mal von ihrer Familie und zog mit Heinrich nach Grumme. Richtig »abnabeln« konnte sie sich von ihrer Familie aber nie. »Mindestens einmal am Tag musste ich nach Stiepel fahren, weil ich sonst Heimweh bekommen hätte.« Damals hatte auch schon ihr Bruder ihren heutigen Laden angemietet. Elli hatte gerade bei der Kleiderfabrik »Pongs & Zahn« im Lagerverkauf eine neue Stelle gefunden, da wurde ihre Schwägerin auch schon schwanger, und sie musste wieder kündigen, um im Laden auszuhelfen. »Das habe ich damals sehr ungern getan, weil ich mich bei 'Pongs & Zahn' eigentlich ganz wohl fühlte«, erzählt sie. »Die Arbeit im Laden hat mir dann aber auch direkt sehr viel Spaß gemacht.« Zwei Jahre später kehrte sie dann auch wieder in den Schoß der Familie zurück, wenn auch nicht durch ganz glückliche Umstände. Während das Jahr 1968 in politischer Hinsicht eine ganze Generation bewegte, war es für Elli eher persönlich ein sehr bewegendes Jahr. Ihr Vater starb, sie zog zurück in die Nachtigallstraße 8, und, nachdem ihre Schwägerin das zweite Mal schwanger geworden war, musste sie beruflich auf eigenen Beinen stehen. So hatte sie wahrlich andere Sorgen, als sich um die Revolution zu kümmern wie viele ihrer Altersgenossen. Aber in ihrem Laden hat Elli ihre Erfüllung gefunden. Auch heute noch ist er für sie »Freizeit und Arbeit in einem«, auch wenn natürlich nicht alles Spaß machen kann. »Also wenn der Steuerberater sagt: 'Wir machen jetzt den Jahresabschluss', dann denk ich mir auch: Och, scheiße.« Aber dann gebe sie ihm die Unterlagen, die er braucht, und dann sei das auch kein Problem. Auf die Frage, ob es auch mal schwere Zeiten mit dem Laden gab, antwortet Elli: »Es war immer schwer, auch jetzt noch, aber Heinrich und ich, wir brauchen ja nicht viel. Mein Prinzip war immer, alles überschaubar zu halten. Ich habe immer zugesehen, dass ich mich nicht groß verschulde. Ich kaufe z.B. auch nie viel auf Vorrat; höchstens mal ein paar Paletten Cola, wenn die gerade im Angebot sind.« Mit dieser Strategie ist Elli ja auch bis heute ganz gut gefahren. Heinrich hatte auch immer sein eigenes Geld, so dass sie finanziell nicht nur von dem Laden abhängig waren.

Zwischendurch kommen wieder einige Schüler in den Laden. Es ist offenbar Pause. Auch bei ihnen ist Elli hoch angesehen. »Elli ist toll«, sagt eine Achtklässlerin. »Wenn man mal nicht genügend Geld dabei hat, drückt Elli auch schon mal ein Auge zu«, weiß eine andere zu berichten. Der 98er Abi-Jahrgang bedankte sich sogar mit einer Urkunde bei Elli für »die jahrelange Betreuung und Unterstützung«. »Du bist die beste Elli, wo es gibt auf der Welt, und wir haben Dich ganz doll lieb«, steht auf ihr geschrieben. Jetzt hängt die Urkunde direkt neben einer Armin-Rohde-Autogrammkarte über dem Durchgang, der die beiden Räume miteinander verbindet.

Zwischendurch, wenn es gerade nicht so voll ist, stellt sich Elli in den Türrahmen zu dem kleinen Zimmer hinter der Theke und steckt sich eine Zigarette an - ihr einziges Laster, wie sie sagt. Ansonsten sei sie ein echter Gesundheitstyp.

Matthias Hartmann, Intendant des Schauspielhauses, scheint heute nicht zu kommen. Aber sonst ist er fast jeden Tag hier und trinkt seinen »Kombucha«, meint Elli. Kombucha kommt aus Ostasien und wird mit Hilfe von Milchsäurebakterien und Hefekulturen hergestellt. »Irgendwann stieß ich bei der Ratio mal auf eine Flasche«, erzählt sie, »und da habe ich mir so gedacht: Da hast Du doch schon mal von gelesen. Das soll doch so gesund sein.« Seitdem schwört sie auf das etwas exotische Getränk und geht sogar so weit zu sagen, der Erfolg des Schauspielhauses hänge davon ab. »Als der Matthias Hartmann das erste Mal in meinen Laden kam und noch etwas unsicher war und nicht genau wusste, wie ihn das Publikum empfängt, da habe ich zu dem gesagt: So, du kriegst jetzt erstmal jeden Morgen einen großen Becher Kombucha! Ich will sehen, was aus dir mit diesem Kombucha wird.« Und es hat ja funktioniert; vielleicht auch weil Elli gerade am Anfang ordentlich die Werbetrommel für das Schauspielhaus rührte und mit viel Verstärkung aus ihrem Laden in die Premieren kam. Um ganz sicher zu gehen, hat Elli ihm aber zusätzlich zu jeder Premiere noch einen Glückspfennig mitgebracht. Mittlerweile sei sie für Matthias Hartmann schon ein richtiges Maskottchen, denn immer wenn sie in einer Premiere war und den Glückspfennig mitbrachte, gab es gute Kritiken. Bei dem Stück »Winter« war sie allerdings schon in der Vorpremiere, und Matthias Hartmann fragte sie ganz beunruhigt, wie er denn jetzt seinen Glückspfennig bekomme. »Weil ich selber nicht konnte« erzählt Elli, »ist die Hilde dann extra noch mal losgefahren und hat ihm den Pfennig ins Theater gebracht.« Matthias Hartmann war noch in einer Besprechung, und die Pförtnerin wollte sie erst abwimmeln. Aber als Hilde hartnäckig blieb und sagte, sie solle Matthias Hartmann ausrichten, Elli wäre hier und es wäre wichtig, holte sie ihn schließlich. Und so konnte er noch erleichtert den Pfennig entgegen nehmen. Mit der Kritik hat es dann wohl auch geklappt.

Wenn auch nicht Matthias Hartmann, Prominenz ist aber auch heute in Ellis Laden. Uwe Rohde (»14 Tage Lebenslänglich«, »Das Experiment«), der auf einen Kaffee vorbei kommt. Immer wenn ein Schauspieler in den Laden kommt, versucht Elli mir mehr oder weniger unauffällig einen verheißungsvollen Wink zu geben; vielleicht auch ein wenig stolz, wer da alles in ihren Laden kommt. Und dann so gegen 11 Uhr kommt er doch noch auf seinen Kombucha: Matthias Hartmann. Vielleicht auch, weil er der erste Intendant des Schauspielhauses ist, den Elli persönlich kennt und der sie in ihrem Laden besucht, ist sie begeistert von ihm. »So ein menschlicher und netter Typ. Der hat die Leute wieder ins Theater geholt. Der bekloppte Haußmann hatte ja das Theater total herunter gewirtschaftet.« Und trotzdem sei ihm der Erfolg nicht zu Kopf gestiegen. »Wenn ich eine Tochter hätte, dann wäre der Matthias der perfekte Schwiegersohn für mich«, fügt sie hinzu. Selbst hat Elli keine Kinder, obwohl sie gerne welche gehabt hätte. »Das hat halt nicht sein sollen«, sagt sie gelassen. Aber durch ihre große Familie hätte sie ja auch oft Kinder um sich.

Matthias Hartmann und Armin Rohde haben sich übrigens erst bei Elli im Laden kennen gelernt, noch bevor Armin Rohde ans Schauspielhaus kam. Und auch daran war Elli nicht ganz unbeteiligt. Redete sie Matthias Hartmann doch immer wieder zu, mal den Armin zu fragen, ob er nicht bei »König Richard« mitmachen wolle. Auch Uwe Rohde hat er dann über Armin kennen gelernt. Wie zwei, die sich gut kennen, unterhalten sich die beiden, während Elli dem Intendanten sein Getränk einschenkt. Gemeinsam spekulieren sie, ob das mit Armins Wohnung geklappt hat, die er sich einen Tag zuvor angeguckt hat. Alle hoffen es zumindest. Lange bleibt Matthias Hartmann nicht. Bevor er aber den Laden zusammen mit Uwe Rohde wieder verlässt, fällt ihm noch was zu Elli ein: »Die Elli hat ein Herz, so groß wie ganz Bochum«, und Uwe Rohde kann sich dem nur anschließen. Dann kauft er noch eine Flasche Kombucha und ein paar Äpfel und geht.

Elli genießt den Umgang mit den Leuten vom Schauspielhaus sichtlich. War die Schauspielerei doch, seit sie mit 10 Jahren mit der Schule das erste Mal im Schauspielhaus war, ihre heimliche Leidenschaft. »Ich war von dem Flair und dem ganzen Drumherum so begeistert«, erzählt sie mit strahlenden Augen, »auch in eine Rolle zu schlüpfen, hat mich irgendwie fasziniert. Es war eigentlich immer mein Kindheitstraum, ans Theater zu gehen.« Geblieben ist davon immerhin der regelmäßige Besuch im Schauspielhaus, und seitdem Matthias Hartmann Intendant ist, verpasst sie kaum eine Premiere mehr. Man sage ihr schon nach, sie sei die Vertretung von Tana Schanzara. »Wenn die mal in den Ruhestand geht, übernehme ich den Laden«, scherzt sie. Wenn Elli schon keine Schauspielerinnenkarriere gemacht hat - eine kleine Rolle hat sie doch einmal gespielt: Bei einem ihrer Sommerfeste rund um den Laden haben ein paar Schauspieler, die nebenan wohnen, auf ihren Balkonen einen Nachbarschaftsstreit aufgeführt.

43

Elli sollte später mit Kaffee dazukommen und den Streit schlichten. Doch Elli hat sich im Haus verlaufen und ihren Einsatz verpasst. »Da wars dann endgültig vorbei mit meiner Theaterkarriere«, lacht sie.

Langsam geht es auf die Mittagspause zu. Kurz vor eins kommt noch mal eine Gruppe von Schülern. Dann fährt Elli erst mal nach Hause. Untätig ist sie da aber auch nicht. Zu Hause wartet noch Hausarbeit. Von drei bis sechs muss sie dann wieder im Laden sein. »Wenn ich abends nach Hause komme, habe ich dann aber auch keine Lust mehr, irgendetwas zu machen.« Schlafen will sie dann aber auch nicht sofort. Denn nur den ganzen Tag im Laden zu verbringen und dann schlafen zu gehen, soll dann doch nicht ihr ganzer Sinn des Lebens sein. »Im Sommer fahre ich dann manchmal noch etwas Fahrrad oder gehe mit unseren beiden Mischlingshunden, Dolla und Max, spazieren.« Gerade wenn es abends noch lange hell bleibt und schön warm ist, überwindet sie ihre Müdigkeit noch mal und fährt mit dem Rad um den Kemnader Stausee. »Wenn ich dann so halb rum bin, dann bin ich wieder so fit. Zuhause kann ich dann gar nicht mehr einschlafen. Das ist dann so, als wenn der Tag noch mal von vorne beginnt.« Und dann wird Elli doch noch mal richtig philosophisch: »Ich sage ja immer: Bewegung ist Leben, und wer sich schon mit 50 immer nur in die Ecke setzt, der rostet ein.«
Diesem Prinzip blieb Elli bisher auch treu, wenn sie Urlaub machte. Große Hotels und den ganzen Tag nur in der Sonne liegen waren nie ihr Ding. Sie zog es immer in die Natur hinaus. Doch wer meint, Elli mache im Schrebergarten oder auf dem Campingplatz an der Ruhr Urlaub, der täuscht sich. Wenn schon Urlaub, dann will sie auch was erleben. Mit dem Wohnmobil durch Neuseeland, die Fidschis und die USA, eine Rundreise durch Australien oder mit dem Kanu in Kanada sind nur einige der Trips, die sie mit Heinrich unternommen hat. Der letzte ist Elli am schönsten in Erinnerung geblieben. Mit neun viel jüngeren Leuten waren sie und Heinrich drei Wochen auf dem

Huronsee unterwegs: weit und breit nur Küste. Besonders schwärmt sie von den Abenden am knisternden Lagerfeuer unter sternenklarem Himmel. Der Urlaub in Australien vor zehn Jahren war aber der letzte größere. Seitdem fährt sie immerhin noch einmal im Jahr weg. Zuletzt noch in die Toskana.

Häufiger verbringt Elli ihre Freizeit jedoch weitaus weniger spektakulär. So trifft man sie bei schönem Wetter auch schon mal allein mit Heinrich im Garten an - ohne die vielen Menschen, mit denen sie sich sonst so gern umgibt. Sie sitzt auf der Terrasse zwischen Holzhütte und dem kleinen Teich am Ende des Gartens, während Heinrich in Hörweite mit Gartenarbeit beschäftigt ist. Eine passende Gelegenheit, um mit Elli etwas über ihr Leben zu philosophieren: Irgendein Ziel, was sie im Leben erreichen wollte, gab es nicht. Elli lebte immer in den Tag hinein. »Ich freu mich ja manchmal abends schon wieder, auf den nächsten Morgen, wenn ich wieder in meinen Laden kann«, sagt sie. Was sein wird, wenn sie den Laden einmal nicht mehr machen kann, daran wolle sie noch gar nicht denken. Wenn sie dann noch gesund genug ist, will sie erst mal für ein paar Monate mit Heinrich und ihrer Schwester nach Spanien fahren. Ihre Schwester hat dort ein kleines Häuschen. 2005 hat sie den Laden ganz abbezahlt und könnte ihn dann weiter vermieten. Eines ist Elli aber klar: In dieser Form wird es den Laden nach ihr nicht mehr geben. »Die Leute stellen sich das nämlich immer so einfach vor. Aber wenn sie dann hören: Um fünf Uhr aufstehen und was letztendlich an Geld übrig bleibt, dann denken die sich doch auch: 'bin ich denn bekloppt?'.«

Auf die Frage, ob es sie nicht traurig mache, dass es vielleicht bald kaum Läden wie den ihren gebe und immer mehr Selbstbedienungsläden wie beispielsweise die Bäckerei »Brödis«, antwortet sie nur: »Na ja, es wird ja immer unpersönlicher«, aber es sei ihr allemal lieber in einem Selbstbedienungsladen einzukaufen, wenn sie in einem herkömmlichen Laden nur unfreundlich bedient würde, wie es ihr meistens passiere. »Wenn man schon so einen kleinen Laden hat, dann muss man die Kunden auch freundlich bedienen«, findet sie. »Ich bediene meine Kunden doch auch so, wie ich gerne bedient werden möchte.« Am schlimmsten findet Elli, wenn Menschen, die sowieso schon einsam und unglücklich sind, in einen Laden kommen und dann auch noch unfreundlich behandelt werden. Für Elli ist ihr Laden auch eine Art soziale Betreuung.

Hat Elli in ihrem Leben auch keine steile Karriere gemacht und gewiss auch nicht die Welt verändert, hier in Ehrenfeld würde den Menschen etwas fehlen, wenn sie und ihr Laden nicht mehr wären. Für sie alle ist er mehr als nur eine Einkaufsgelegenheit - eben ein sozialer Treffpunkt. Hier werden Freuden und Sorgen geteilt, und für viele ältere Menschen ist er der letzte Zufluchtsort, um der Einsamkeit zu entgehen.

Mit Ellis Laden würde auch ein Teil lebendiger Ehrenfelder Kultur sterben. Ein paar Jahre will Elli den Laden aber noch machen, und vielleicht findet sich ja bis dahin noch jemand, der in Ellis Fußstapfen treten will.

DIE DICHTERSTIMME
VONNER KÖNIGSALLEE

TIMO RIEG ÜBER WERNER STRELETZ

Morgens ist unser See noch richtig idyllisch. Morgens, bis Viertel nach neun. Unschuldig starr liegt das angestaute Wasser leicht unterhalb freier Parkbänke. Ein Revier-Idyll, das gerade von der Berührtheit der Natur lebt. Nebelschwaden und gebrochene Sonnenstrahlen auf dem See sind in diesem friedlichen Bild höchstens Beiwerk. Fast sanft zieht das Rauschen von der A 43 herüber. Die Strophen einiger Amseln und Meisen und den titschenden Flügelschlag einer Stockentenschar überlagern Motoren und Geräte vom Schrottplatz nebenan. Hier wie dort wird gearbeitet, auch wenn der einsame Spaziergänger sich vorgenommen hat, sich für den Weg gerade nichts vorzunehmen. Für geordnete Kreativität ist später noch Zeit, Arbeitszeit, vor einem leicht eingegilbten, notizzettelumrahmten Bildschirm vier Stockwerke über dem Asphalt der Hans-Böckler-Straße. Später. Und doch ist das Notizblöckchen griffbereit in der Manteltasche.

Um Viertel nach neun muss Werner Streletz gehen. Schnell gehen. Fast fliehen. Der erste Jogger kündigt sich schnaufend an. Es folgen Skater. Und im schlimmsten Fall

Menschen auf Skiern mit Rollen darunter. »Jetzt ist das nicht mehr mein See.« Nein, mit Sportlern kann Werner Streletz ihn nicht teilen. Bis morgen dann.

Idylle im Kemnader Stausee unter wolkenverhangenem Himmel zu sehen ist keine Kunst, sondern Liebe. Eine Revierliebe, die auch den Hinterhöfen Bottrops gilt, die Zechensiedlungen ästhetisiert und beim Anblick alter Werkshallen Heimatgefühle aufkommen lässt.

Was sich dem Starlight-reisenden Bayern mit genetischer Affinität zu königlichen Residenzen nicht erschließt, sieht Werner Streletz wie so viele Revier-Menschen in den kunterbunt grauen Fassaden: »Das ist die steinerne Geschichte der Nachkriegsjahre«, sagt Werner Streletz, geboren 1949 in Bottrop und von einer lässlichen Sünde abgesehen dem Revier immer treu geblieben. »Aus den dahingemauerten Häusern sprechen Not und Hoffnung der Trümmerzeit.« Ja, Kohle und Stahl waren es, die vor 150 Jahren aus den Dörfern an der Ruhr eine große Metropole machten, und Kohle und Stahl waren es, die die Alliierten das Ruhrgebiet der Nazi-Zeit einäschern ließen. Streletz: »Wir können von Glück sagen, dass sich die kühnsten Pläne der letzten Jahre nicht durchgesetzt haben, aus dem Revier im Zuge eines verordneten Strukturwandels eine gesichtslose, austauschbare Hightech-Welt zu machen.« Jetzt erkenne man endlich den Wert der Industriebrachen und das Profil der Städte, in denen jedes Haus anders aussieht.

Werner Streletz ist Kulturredakteur in der Bochumer WAZ-Redaktion und seit über drei Jahrzehnten schriftstellerisch tätig. Lange Jahre verfasste er kurze und längere Gedichte, kleine Geschichten und Hörspiele in der hiesigen Mundart, die kein echter Dialekt ist, mehr ein Slang, und dann etwas trocken »Ruhrgebiets-Deutsch« heißt. Fans hat Streletz damit viele gefunden, ernsthafte Nachahmer kaum. »Was über die Reviergrenzen hinaus hörbar ist, fällt fast ausschließlich in die Rubrik Mangeraden«, sagt Streletz und meint die Verwitzboldung der Menschen im Ruhrgebiet, die Jürgen von Manger mit seiner Figur des Adolf Tegtmeier in den 60er und 70er Jahren prägte und die in Herbert Knebel derzeit wohl den bekanntesten Protagonisten hat. Über solches Affentheater kann Werner Streletz nicht lachen, »weil diese künstliche Kabarett-Sprache nur für Kalauer taugt.«

Onkel Donald, Onkel Donald!
riefense
Tick, Trick und Track
un hatten imma dat schlaue Büchsken dabbei
mittehmse alle Probleme lösten
Son Büchsken wünschte ich mir auch

Dat Wunderbare is schön
las ich später
Et is übbahaupt nur dat Wunderbare schön
las ich weiter
un wollte
Vadorrinoma!
danach leem

Heut
binnich froh
wenn mir im Bahnhof
die andern um mich rum
nich aufen Zeiger gehen
wennich den großen Faahplan studier

Dammit wenichstens die Richtung stimmt

(Werner Streletz: Blues ausser Neemstraße. Poetische Texte in der Alltagssprache des Ruhrgebietes. Pomp Verlag 1999)

Jede Verwechslungsgefahr ausgeschlossen. Zum Wegömmeln ist es nicht, was Streletz schreibt. Eher schwermütig kommen seine kurzen, zugespitzten

Alltagsbeobachtungen daher. Und obwohl er ganz selbstverständlich Hochdeutsch mit nur leichten Färbungen
spricht, mussten viele seiner Texte in den letzten 20 Jahren
im Ruhrgebiets-Deutsch entstehen. »Diese Sprache ist in
mir drin«, meint Werner Streletz, der so in wenigen Zeilen
über Tot und Töten, kaputte Familien und Alltagsängste
erzählen kann. Hans Jansen, bis zu seinem Ruhestand vor
kurzem Kulturchef bei der WAZ im Essener Haupthaus,
schreibt: »Den Verachteten und Zukurzgekommenen am
Rande der Wohlstandsgesellschaft gilt, mitleidend oder
aus sachlich beobachtender Distanz, die Anteilnahme des
Autors.« Zu ergänzen ist: ohne Moralin. Die meisten
Streletz-Werke sind in der Bochumer Edition Wort und
Bild von Horst Dieter Gölzenleuchter erschienen.

Einen glanzvollen Höhepunkt der Mundart-Phase bildet
sein WDR-Hörspiel »Sowwat oder Ich weiß, woet lang-
geht« von 1988: 11 Minuten mehrfach überlagerte Mini-
Dialoge und Monologe, eingesprochen unter anderem von
Herbert Grönemeyer und Tana Schanzara. »Alle Dialekte
kommen erst ausgesprochen richtig zu Geltung - da ist das
Hörspiel eine wunderbare Darbietungsform.« Über ein
Jahrzehnt waren daher für den Westdeutschen Rundfunk
große Hörspiele im Ruhrgebiets-Deutsch entstanden, und
über zweieinhalb Jahre war Werner Streletz an einem
Radioroman in Monatsfolgen beteiligt. Vor allem mit der
Stereophonie bei den UKW-Sendern ab 1968 taten sich den
Hörspielautoren neue Erzählmöglichkeiten auf - die auch
Schauspieler und andere Künstler bis heute reizen. Und so
ist Streletz schon ein wenig stolz, mit seinem Hörspiel
»Martin, sein Vater und die vertraute Stimme« Helge
Schneider, der gerade für das Schauspielhaus ein Musical
schreibt, in seiner ersten »fast tragischen Rolle« präsentie-
ren zu können. Das Stück ist als CD bei Roof Music erschie-
nen.

Doch »nur« als Ruhrgebiets-Dichter möchte Werner
Streletz nicht verstanden werden. Darum ist erst einmal
Schluss mit den Mundart-Zeilen, mit denen der Autor 1997

einen ersten Platz beim 10. Nordrhein-Westfälischen Autorentreffen in Köln/Bonn belegte. Für große Geschichten eignet sich das Ruhrgebiets-Deutsch nicht gut. Und so hat Streletz sich über die Jahre hochdeutsch an die Prosa herangetastet, über Novellen und Kurzgeschichten - bis zum ersten Roman »Pokalkampf«, der allerdings noch unveröffentlicht ist.

Der Weg zum Autor und Rezensenten nahm künstlerische Umwege. Zunächst sollte sein Talent im Zeichnerischen liegen - meinte eine Zeit lang Streletz selbst, den der Kunstlehrer ein »verkrachtes Genie« zieh und dem Schüler damit ungewollt die Schulter klopfte. »Ich habe nur selten das gemalt, was Aufgabenstellung war, aber die Noten waren doch passabel.« Und so wollte der junge Werner nach der Schule mit etwa 15 Jahren Maler werden. Das hatte der Berufsberater allerdings nicht im Programm; er empfahl vielmehr Streletz' ganzer Realschulklasse, Werkzeugmacher zu werden - »ein Beruf mit guten Aussichten«. Das passte dem jungen Künstler verständlich wenig in den Sinn, und so schlug die Mutter die pragmatische Brücke zum Bauzeichner. »Als Architekt kannst du dann doch später auch Bäumchen zeichnen«, meinte sie.

So berühmt waren die (Bau-) Zeichenkünste dann allerdings doch nicht. Sein Lehrherr bot ihm nach der Ausbildung zwar die Übernahme an - »aber nur zum Lehrlingsgehalt«. Auch ein Zeichen-Abendkurs an der Essener Folkwang-Schule eröffnete keine Alternative: »Ich wollte surrealistisch malen wie Salvador Dali, dort aber sollten wir Blumenvasen abzeichnen.« Nach der zweiten Einheit strich Streletz das Fortbildungsprogramm. Damit stand die erste Krise in der Karriereplanung ins Haus.

Doch es war die Zeit der Beat-Bands, die Zeit von Beatles und Rolling Stones. Mit Rhythmus-, Lead- und Bassgitarre plus Schlagzeug im Handgepäck konnten Künstler noch die Welt erobern und sich Jungs und Mädels untertan machen. Erfolgreich spielte Streletz mit einer Formation beim Bottroper Beat Festival. 1966 holte er beim Folksong-Festival in Gelsenkirchen mit Stimme und Klampfe den ersten Preis - »obwohl ich technisch sicherlich sehr schlecht war«, meint Werner Streletz. Aber: Statt zu covern, trat er mit eigenem Text und eigener Komposition an.

In seiner Freizeit kommt Werner Streletz über »sehr interessante Leute vom Gymnasium« wieder mit Literatur in Kontakt. »Die Schule hatte uns das mit glorreicher Didaktik ja allen ausgetrieben.« In Gelsenkirchen hatte der Revier-Literat Hugo Ernst Käufer eine literarische Werkstatt eröffnet. Auch Streletz und seine Freunde kamen zu den Treffen mit harten Diskussionen in einen Gemeindesaal. »Das Schreiben hat von Anfang an geklappt.« Doch Geld war auch damit nicht zu verdienen. Erstmal.

Die entscheidende Idee mit weitreichenden Konsequenzen hatte Streletz' damalige Frau. Denn mit 20 Jahren war er bereits für eine kleine Familie verantwortlich. »Gudrun sagte: Schick deine Texte doch einfach mal zur WAZ.« Gesagt, getan - und eingestellt. Streletz volontierte in der Lokalredaktion Bottrop, hatte ein gesichertes Auskommen und noch etwas Zeit für die eigene Schriftstellerei. Journalistisch konnte er sich damals noch kaum um Kultur kümmern. Etliche Jahre nach seinem Volontariat wurde ihm eine Stelle als Kulturredakteur bei der WAZ in Bochum angeboten - der Traumjob. »Einzig ein paar ganz der Kunst gewidmete Jahre hätte ich noch irgendwann dazwischen gerne gehabt«, meint Werner Streletz und sieht sich in einer Folkwang-Studentengruppe proben und debattieren und philosophieren.

Doch bevor Streletz in Bochum landete, sollte ihn die Liebe an den Rand des Wahnsinns treiben. Das heißt, weniger die Liebe selbst als die in ihr gründende Gefolgschaft nach Brühl - ins karnevalistische Manövergebiet. Seine zweite Ehefrau studierte in Köln, und Werner Streletz bekam eine Stelle bei der Kölnischen Rundschau. »Die politische Ausrichtung der Zeitung war schwer genug, aber der Karneval hat mich fertig gemacht.« Denn - das macht sich der Westfale gar nicht klar: In Köln, um Köln und um Köln herum ist das ganze Jahr Karneval. Wird geprobt, werden Sitzungen gehalten, müssen Motivwagen gebaut werden - und die Lokalzeitung ist stets dabei. Nach anderthalb Jahren beendete Streletz die Köln-Etappe. Es folgten sieben Jahre in Marl. Auch dort standen zwar lokale Themen im Vordergrund, doch der Adolf-Grimme-Preis und ein Skulpturen-Museum im Aufbau boten kulturellen Nährstoff.

Für einen Wechsel von Marl in die Bochumer WAZ-Redaktion Mitte der 80er Jahre sprach vor allem *das* große Kulturthema: das Schauspielhaus. »Nur in Wien und Bochum bringt einen jeder Taxifahrer ohne weiteres Nachfragen zum Theater«, meint Streletz. »Die Bochumer lieben ihr Schauspielhaus, selbst diejenigen, die es nie von innen sehen.« Stolz seien sie auf diese Bühne, auf ihre Intendanten und darauf, damit im Kulturbetrieb anders als im Fußball wirklich seit 1919 unabsteigbar zu sein. Ob Saladin Schmitt (1919-1949), Hans Schalla (bis 1972), Peter Zadek (bis 1979), Claus Peymann (bis 1986), Frank-Patrick Steckel (bis 1995), Leander Haußmann (bis 2000) oder nun Matthias Hartmann - Inszenierungen des Bochumer Schauspielhauses werden auch im Feuilleton der überregionalen Tageszeitungen besprochen. Dabei übersieht Streletz natürlich nicht die Leistung des gesamten Teams. »Regisseure wie Jürgen Kruse mit seiner genialischen Art prägen das Theater« - und sicherlich auch den Rezensenten. »Oder Schauspieler wie Armin Rohde« - zu dem Streletz »in der Zeit des hochnäsigen Steckel-Theaters« schnell einen Draht hatte, nicht nur wegen der gemeinsamen gustomerischen Freude an Muscheln.

Für Streletz ist Theater eine große Leidenschaft. Nach all den Jahren im Parkett sehnt sich der Autor zwar nicht selbst auf die Bühne - da möchte er eher weitere Stücke aus seiner Feder sehen - aber noch näher an das Geschehen heran. An das Geschehen vor der Premiere, das zumindest in der nötigen Intensität der Presse sonst verborgen bleibt: »Sobald sich die Möglichkeit bietet, möchte ich meinen Jahresurlaub investieren und an einem großen Theater hospitieren.«

Schon zu Bottroper Zeiten schrieb er selbst an kleinen Stücken und war in einer Laiengruppe aktiv. So war es kein Zufall, dass er eine Wohnung nur wenige hundert Meter südlich des Schauspielhauses bezog. Doch warum muss das Theater auch in der Lokalberichterstattung so einen großen Raum einnehmen, wo Kultur so vielfältig ist? »Das Schauspielhaus ist mit Abstand der größte Haushaltsposten in der städtischen Kulturförderung, da sind wir den Lesern kritische Augen und Ohren schuldig.« Richtig haarig wurde die Pressebeobachtung jedoch nur zur Zeit Leander Haußmanns.

Dessen Presseschelte, er sei aus Bochum »rausgeschrieben worden«, weist Streletz aber energisch von sich. »Der hat sich höchstens selbst rausgeschrieben mit seinen Eskapaden.« Ja, da gab es nicht nur Kritik an seinem Hang zum Klamauk. Auch die Lorbeeren als Filmregisseur und Filmschauspieler (Männerpension, Sonnenallee) sah man in Bochum mit gemischten Gefühlen. »Und wenn ein Intendant in der Theater-Kantine mit seinem Haus-regisseur eine ordentliche Schlägerei anzettelt, kann die Lokalpresse nicht schweigen.« Allerdings hat Haußmann sich der Kritik auch nicht ganz zu entziehen versucht: »Hausverbot hatte ich nur mal unter Steckel«, sagt Streletz, »aber der damalige Kulturdezernent Richard Erny hatte das schnell wieder gerichtet.«

»Für Künstler ist es schwer geworden aufzufallen«, sinniert Werner Streletz über die Kultur der Inszenierung und

Selbstvermarktung. Skandale könne man nicht mehr produzieren, alles werde irgendwie gefällig abgenickt. »Da bleibt nur noch die Selbstauflösung als Protest.« Die allerdings würde niemand mitbekommen - und das können Kulturschaffende grad gar nicht vertragen. Dann gibt man sich schon lieber mit einem kleinen Publikum zufrieden. Und dies ist dann oft um so begeisterter bei der Sache.

Die Aufführung seines Hörspiels »Mankurt oder Die späte Rache eines Schülers« im Museum Bochum war so eine Veranstaltung mit kleinem, aber begeistertem Publikum. Zu der Geschichte von Werner Streletz, in der sich ein Ex-Schüler mit halbwegs geschmacklosen Streichen an seinem ehemaligen Lehrer rächt und dieser ihm dafür eine Todesstrafe wünscht, hatte Zarko Radic Skizzen gezeichnet. Eine Stunde geht das Hörspiel, eine Stunde saßen 90 Besucher vor einem viereckigen, von den Bildern gesäumten Raum. »Bei der gleichen Aufführung in Herne gab es allerdings auch die Rückmeldung, man sei es nicht mehr gewohnt, so lange zuzuhören.«

Für Werner Streletz gilt das Motto von Samuel Beckett: Schreiben ist wie atmen. »Es lässt sich nicht erklären, warum man es tut. Man schreibt einfach.« Oder bereitet das Schreiben vor. Dafür sind die morgendlichen Spaziergänge am Kemnader Stausee wesentlich. »Es gibt Tage, da kommt mir nicht eine Zeile in den Sinn«, sagt Streletz. Manchmal ist es nur ein Wort, das einer Eingebung gleich plötzlich da ist, genau jenes Wort, das ein Gedicht vollendet. »Und es gibt Tage, da fahre ich auf der Königsalle und bin voller Ideen.« Dann müssen diese noch niedergeschrieben werden, bevor sie im Redaktionswirrwarr verloren gehen. Wie gut, dass dafür immer noch Zeit ist. Denn um Viertel nach neun ist es nicht mehr sein See. Werner Streletz muss gehen. Bis morgen dann.

DIE GROSSE FREIHEIT
AUF 8 QUADRATMETERN

STEPHANIE WEISS-MATSCHINSKY ÜBER SASCHA OTTO

Ich liege auf dem Sofa in meiner warmen, großen Wohnung. Vor zehn Minuten habe ich mich unter heißem Wasser geduscht. Völlig entspannt höre ich meinen Göttergatten in der Küche das Essen zubereiten. Es duftet nach angebratenen Champignons und frischem Knoblauch. Doch ich muss mich noch etwas gedulden, bis ich die Gaumenfreuden auch schmecken kann. Auf das Essen wartend, döse ich langsam ein und meine Gedanken nehmen ihren freien Lauf. Und plötzlich sehe ich Sascha. Mit strahlenden Augen und einem freundlichen Lächeln steht er bildlich vor mir. Er trägt eine etwas zu weite Hose in Tarnfarben, die um seine Beine schlackert, und einen alten, blauen Pullover, der verwaschen und ein klein bisschen schmuddelig ist.

Flugs fällt mir unser zweites Treffen ein, als wir gemeinsam den Bus nehmen, um aus der Bochumer City zu ihm zu fahren. Der Bus ist recht voll, so dass wir keinen Sitzplatz nebeneinander bekommen. Sascha quetscht sich auf den letzten Platz der Rücksitzbank und ich setze mich eine Reihe davor. Dreißig Sekunden später wird er von einer fünfzigjährigen Frau angesprochen. Sie verrät ihm ihr

Alter und erzählt, dass sie Italienerin ist und zur Zeit ihre Mutter in Langendreer besucht. »Mensch, du bist schön schlank, das wäre ich auch gerne«, beginnt sie das Gespräch. Sascha grinst fröhlich zurück und lässt sich interessiert darauf ein: »Ich bin Vegetarier! Doch ich esse auch total viel. Ist vielleicht auch Veranlagung.« Und weil die Frau Italienerin ist, spricht er sie sofort auf ein in Italien verübtes Attentat an: »Glaubst du eigentlich, dass der italienische Regierungsberater, Marco Biagi, in Bologna wirklich von den »Roten Brigaden« erschossen worden ist? Ich glaub das nicht. Das sollte denen doch nur angehängt werden, um wieder was zu vertuschen.« Die Frau stimmt Sascha nickend zu: »Nee, das glaube ich auch nicht. Unser Ministerpräsident, Berlusconi, ist sowieso ein Verbrecher, einer von der Mafia.«

Bis der Bus stoppt, unterhalten sich die beiden angeregt weiter. Zum Schluss fragt Sascha noch: »Macht ihr in Italien eigentlich auch Lagerfeuer? Wir machen oft Feuer und sitzen lange draußen. Das mag ich total gern.« Fast vergessen wir, aus dem Bus auszusteigen, Sascha, weil er so ins Gespräch vertieft ist und ich, weil ich gebannt meine Ohren spitze und zuhöre. Die Antwort »Ja!« der Italienerin hören wir noch beim Aussteigen, und schon braust der Bus davon.

Doch zurück zu meiner ersten Begegnung mit Sascha, als ich ihn in seinem Bauwagen besucht habe. Da saßen wir zusammen in seinen acht Quadratmetern, in denen es zwar Strom, aber kein fließend Wasser gibt. Und schon gar kein warmes. Benötigt Sascha Wasser, so muss er zunächst nach draußen gehen. Am Rande des Zaunes steht zur Zeit ein altes silbernes Wasserfass, wie man es von einer Kuhweide kennt. Der Standort wechselt aber des öfteren, und beim Abstellen wird hauptsächlich darauf geachtet, dass es schattig ist, damit sich das Wasser an heißen Tagen nicht so sehr aufheizt. Um seinen Plastikkanister mit Wasser voll laufen zu lassen, öffnet Sascha den Hahn mit einem

Schraubenschlüssel. Ist das Fass aber leer, so wird es hinter seinen kleinen grünen Bautz gespannt. Langsam tuckert er 100 m rechts die Strasse hinunter, bis er den Hydranten erreicht. Mit dem passenden Schlüssel, den Sascha und die anderen Bauwagenbewohner von der Stadt Bochum bekommen haben, zapft er die Wasserleitung an. Es dauert ein Weilchen, bis die 400 Liter Wasser in das Fass gelaufen sind und es zurück zum Platz gefahren werden kann.

Eine Toilette gibt es im Bauwagen auch nicht, und so hat die Stadt ein »Dixiklo« zur Verfügung gestellt, das alle acht Bewohner des Platzes nutzen. Denen wäre zwar eine Komposttoilette viel lieber, dafür gibts aber keine Genehmigung von der Stadt. Und weil es auch keine Dusche gibt, duschen sie bei Freunden, die eine Wohnung haben oder im Streetworkerbüro. Das liegt in der Arndtstraße in der Nähe der Twintowers, und dort steht auch eine Waschmaschine.

Seit Oktober 2001 lebt Sascha Otto in seinem Bauwagen auf dem Platz an der Alten Wittener Straße 104. Und dort ist er auch ordentlich gemeldet. Zu Fuß aus Richtung Laer kommend, nähere ich mich langsam dem Gelände. Schon erblicke ich das eingezäunte Areal, auf dem sieben Bauwagen stehen. Über dem Eingang hängt ein Holzschild auf dem »Dzien dobre!« steht. Als alter polnischer Landadel weiß ich, dass das auf deutsch »Guten Tag« heißt. Oder hat mir das Sascha erzählt?

Langsam öffne ich das Tor, und schon kommen vier große Hunde bellend auf mich zu. Vorsichtig schreite ich zurück, während ich mit Engelszungen auf sie einrede und versuche ihnen klarzumachen, dass ich doch von Sascha erwartet werde. Drei der Vierbeiner verstehen mich und ziehen sich zurück. Der eine bellt jedoch hartnäckig weiter und sieht recht unfreundlich aus. Zum Glück kommt Sascha. Auch wenn es nicht seine Hunde sind, kann er ihnen klarmachen, dass ich eintreten darf. Wir gehen über das Gelände, und meine Schuhe versinken leicht im Matsch. Vor einem kleinen blauen Bauwagen bleiben wir stehen. Bis dato kannte ich nur den Bauwagen von Peter Lustig aus dem Fernsehen. Aber in dem wohnt der Moderator von Löwenzahn auch nicht immer, und der sieht auch ganz anders aus. Saschas Wagen ist viel kleiner als der von Peter. Sogleich spreche ich ihn auf Löwenzahn an und strahlend erzählt er, dass er die Sendung als Kind auch immer gucken durfte. War ja auch pädagogisch wertvoll. »Vielleicht war Peter Lustig mit seinem Bauwagen ja mein Vorbild«, sagt er lächelnd. »Dann wollen wir mal reingehen.«

Langsam steige ich die drei Holzstufen hinauf. Und so sitze ich zum ersten Mal in einem Bauwagen.

»Hattest du eigentlich Angst vor den Hunden? Brauchst du aber nicht. Das ist ganz gut, dass sie da sind und unser Gelände ein bisschen bewachen.« Es waren nämlich schon Leute da, die etwas mitgenommen haben. Und manche haben auch einfach alte Sachen dort abgestellt.

Wir setzten uns an Saschas Tisch: eine Holzplatte, die auf einem Baumstamm liegt. Dann fragt er: »Willst du `nen Tee?«

Langsam schüttet Sascha Wasser aus dem Kanister in einen silbernen Teekessel. Er öffnet die Tür eines alten Ofens und legt einen Holzscheit hinein. Der Ofen brennt schon seit dem Vormittag, so dass es schön warm im Wagen ist. »Den habe ich von der Oma meiner Freundin bekommen. Damit kann ich den Wagen heizen, wenn es zu kalt ist.« Mit seiner Freundin Steffi ist er seit einem Jahr zusammen, und sie wohnt in Witten in einer Wohnung.

Sascha stellt den Teekessel auf das alte Schätzchen, und wir warten, bis das Wasser kocht. Währenddessen blicke ich neugierig im Wagen umher.

Seitlich neben mir steht eine kleine Kompaktanlage. »Junge Liebe in Gefahr« der Punkband »Notdurft« läuft gerade. Und über meinem Kopf entdecke ich einen Fernseher, der aussieht wie eine Mikrowelle. Zum Einschlafen lässt sich Sascha auch gerne mal von der Flimmerkiste berieseln. Zwei Programme kann er im Wagen empfangen, obwohl seine »Liebste« aus Versehen die Antenne abgebrochen hat.

An den Wänden des Wagens hängen viele Fotos, Briefe und Poster. Ein Plakat zeigt einen afrikanischen Jungen zwischen Hochhäusern. Er lächelt, und man kann seine riesigen Zahnlücken sehen. Darunter steht der Spruch »Dem System die Zähne zeigen«.

Auf den Fotos sind Saschas Familie und seine Freunde abgebildet. Ein Foto zeigt Sascha mit Freunden, Treckern und Bauwagen in Frankreich, wo sie im Urlaub waren. »Das war ´ne klasse Fahrt, und das möchte ich gerne noch mal machen.«

Auf einem anderen Bild ist Sascha in Polen. Dort hat er seinen Freund Marcus besucht, der zur Zeit an einer Hausbesetzung in Breslau teilnimmt. Bei einem weiteren steht er mit Trecker und Bauwagen in der Einfahrt des bürgerlichen Einfamilienhauses der Eltern. Die Schwester Wiebke, die zur Zeit 19 ist, und ihr Freund stehen lächelnd neben dem Gespann.

Zuletzt erblicke ich ein Bild, das Sascha in der Bochumer Innenstadt zeigt. Auf ihm versucht er, in der Kortumstraße BODO an Mann und Frau zu bringen.

Ich blicke weiter umher und entdecke einen Zettel, der mich zum Schmunzeln bringt. Auf dem sind Saschas Tagesaufgaben und Ziele verzeichnet. Neugierig blicke ich hinauf. Ein Punkt kommt mir besonders bekannt vor: Geld sparen!

Nun beginnt der Teekessel zu pfeifen, und Sascha gießt einen Früchtetee auf und stellt zwei Tassen auf den Tisch.

Die Wärme des Ofens ist behaglich. In dieser gemütlichen Atmosphäre erzählt mir Sascha etwas von seinem Leben, und ich höre gebannt zu.

Sascha ist in Gütersloh aufgewachsen, wo er mit seinen Eltern und den Geschwistern Wiebke und Fabian in einem Einfamilienhaus gelebt hat. Bis zur sechsten Klasse verbringt er seine Freizeit mit Kindern aus der Nachbarschaft und mit Schulfreunden. »Wir haben uns nachmittags oft auf einer Bauschuttwiese getroffen und sind viel Rad gefahren. Sonst habe ich noch total gerne »TKKG«-Kassetten gehört. Die »???« fand ich besser, davon hatte ich aber nicht viele Folgen. Und zu dieser Zeit wollte ich selber auch Detektiv werden.«

Zur Zeit des Konfirmationsunterrichtes hatte Sascha dann seine erste Freundin. Nadine. Lächelnd erzählt er mir: »Wir sind ins Kino gegangen, und dort habe ich versucht, mit ihr zu knutschen. Doch das hat nicht so geklappt, wie ich das wollte.«

Mit dem aufkommenden Interesse an Mädchen verlieren die Detektivgeschichten ihren Reiz. Sascha fängt an, Skateboard zu fahren, und man trifft sich nachmittags auf dem Spielplatz. Dort hat er Kontakt zu rechten Burschen, und es werden die »Böhsen Onkelz« gehört. »Heute ist mir das total peinlich! Ich schäme mich so dafür, mit solchen Leuten zusammengesessen zu haben. Auch wenn ich nur ein halbes Jahr in der Clique war. Ich bin nur froh, dass mein Freund und ich da von alleine rausgekommen sind.«

Auslöser des Umdenkens sind die schrecklichen Übergriffe auf das Asylbewerberheim am 24. August 1992 in Rostock-Lichtenhagen. Noch heute sieht man die Bilder vor sich. Der Mob wirft Brandsätze gegen das Haus, und die Menge jubelt, während die Menschen im Gebäude verzweifelt versuchen die Flammen zu löschen und um ihr Leben bangen. Feuerwehr und Polizei lassen die hilflosen Opfer warten und greifen erst nach Stunden ein.

Auch Sascha verfolgt die Geschehnisse am Fernseher mit Entsetzen. Er redet mit seinem Freund darüber und bricht mit der rechten Szene: »Ich fand es grausam, was den Menschen angetan wurde und vor allem, wie hilflos sie gegenüber dem Mob waren. Und da habe ich gemerkt, dass die Probleme nicht bei den Ausländern, sondern im Staat, in der Gesellschaft liegen. Das rechte Gedankengut konnte für mich keine Lösung mehr sein. Statt dessen musste das Übel an der Wurzel gepackt werden. In Staat und Gesellschaft muss sich was ändern.«

Kurz danach, in der achten Klasse, beginnt Sascha, sich in der SchülerInnenvertretung (SV) zu organisieren. »Ich bin ins Plenum gegangen. Wir haben Seminare gemacht. Mal zum Thema, wie man sich vegan ernährt oder zu Rechtsradikalismus und Ausländerfeindlichkeit, aber auch zu Schulproblemen.« Abends zeigte die SV manchmal auch Filme über Ausschwitz und den Holocaust, und danach redeten Sascha und die anderen ausführlich darüber.

»Das war eine ziemlich linke Schülervertretung. Weil ich auf die Gesamtschule ging, waren vor allem viele Ältere aus der Oberstufe in der SV. Insgesamt so ungefähr 10 - 15 Leute, die regelmäßig kamen.«

Zu dieser Zeit in der SV ist Sascha ungefähr 14. »Plötzlich habe ich gemerkt, dass, wenn du dich politisch organisierst, es Druck von allen Seiten gibt.« Diese Erfahrung macht er, als in der Schule eine Projektwoche zum Thema »Deutschland gestern, heute, morgen« stattfindet. »Wir von der SV sollten auch ein Projekt machen und haben uns für 'Der bewaffnete Kampf in der BRD' entschieden. Uns ging es um Meinungsbildung und die Darstellung, worum es im bewaffneten Kampf eigentlich geht. So haben wir über die RAF und die Bewegung 2. Juni informiert.« Die Schulleitung will das Thema ausklammern. Doch zuvor hatten die Lehrer die SV intensiv aufgefordert, doch ein Projekt für die PROWO vorzubereiten. Und so können sie das Thema nun schlecht verbieten. »Für uns war es wichtig, möglichst viele Informationen über die RAF zu bekommen. Und zwar nicht nur aus einer Perspektive. Und so haben wir Monika Berberich eingeladen, weil wir was Authentisches erfahren wollten.«

Monika Berberich gehört zu den Gründungsmitgliedern der RAF und wurde im Oktober 1970 zusammen mit Horst Mühler, Irene Goergens, Ingrid Schubert und Brigitte Asdonk verhaftet. Wegen Bankraubes wurde sie zu zwölf Jahren Haft verurteilt.

Die Schülervertretung hält die Einladung Berberichs geheim. »Doch irgendwie ist das rausgekommen. Es gab einen ganz schönen Aufruhr in Gütersloh, und die Presse schrieb: 'EX-Terroristin kommt nach Gütersloh, um mit Jugendlichen zu sprechen'.« Daraufhin ruft der Schulleiter bei den Eltern der Schüler aus dem Projekt an. Sie sollen dafür sorgen, dass ihre Kinder nicht an dem Gespräch mit Monika Berberich teilnehmen. »Meine Mutter war vielleicht zu unpolitisch, um den Aufruhr des Anrufes zu verstehen. Und selbst wenn sie mir verboten hätte, dorthin zu gehen, ich wäre trotzdem gegangen.«

Schließlich kam Monika Berberich in die alte Weberei nach Gütersloh, und Sascha erinnert sich: »Die Panik war unglaublich, so was hatte ich noch nicht erlebt. Überall waren Polizisten in Zivil und Uniform und etliche Reporter. Wir mussten dann sogar spontan eine Pressekonferenz geben. Selbst Monika war überrascht, was für'n Aufruhr um ihre Person gemacht wurde. Eines wurde mir zu diesem Zeitpunkt schlagartig klar. Da hat zwar jemand seine Strafe abgesessen, aber trotzdem ist es nicht gewollt, dass darüber geredet wird.«

Neben der Schülervertretung engagiert sich Sascha auch bei den Tierrechtlern. Kontakt zu diesen bekommt er über die SV. Er wird zunächst zum Vegetarier und nach vier

Wochen zum Veganer. »In der SV hatten wir vor allem theoretische Diskurse, während die Tierrechtsbewegung aktionistisch war. Und darüber habe ich Verbindung zum Hüttendorf bekommen.« In diesem fanden oft politische Aktionen statt, die auch Sascha besucht hat.

In Borgholzhausen, das in der Nähe von Gütersloh liegt, versuchten damals einige Leute den Ausbau der A 33 zu verhindern. Auf dem geplanten Baugelände wurde ein ganzes Dorf aus Hütten errichtet, so dass der Ausbau der Autobahn aufgehalten werden konnte. Auch heute leisten die Hüttendörfer noch Widerstand, und der Bau ist noch nicht beendet.

Sascha hält die Aktion des Hüttendorfs auch jetzt noch prinzipiell für richtig: »Aber ich möchte es nicht mehr machen. Ich möchte viel lieber was Dauerhaftes machen und an einem Projekt arbeiten, das auch eine Zukunftschance hat.«

Mit den Tierrechtlern startet Sascha nun einige Aktionen. »Mehrmals sind wir, während der Jagdsaison, früh morgens auf die Felder gestürmt. Wir haben uns zwischen die Tiere und Jäger gestellt, so dass die Flinten auf uns gerichtet waren. Die Jäger waren stinksauer auf uns, weil sie die Jagd abbrechen mussten. Manche haben sogar auf uns geschossen.«

Andere Aktionen waren aber wesentlich ungefährlicher. »Mit 'animal peace' sind wir zum Zirkus Krone. Wir haben Karten gekauft und trugen mit uns versteckte Transparente ins Zelt. Während der Show 'Stars in der Manege' sind wir dann in die Arena gerannt und haben unsere Transparente hochgehalten.«

Ein anderes Mal demonstrierte er mit den Tierrechtlern vor der Großschlachterei Tönnies in Rheda-Wiedenbrück. »Deren Werbeslogan war: 'Wo andere noch hinter ihrem Fleisch herrennen, haben wir es schon auf dem Teller'.«

Auch heute noch ist Sascha Vegetarier. Aber auch die vegetarische Ernährung ist für den Tierrechtler problematisch. Theoretisch würde er sich weiterhin vollständig vegan ernähren, weil er kein Recht darin sieht, Tiere zu »missbrauchen«. Aber durch seine Lebensweise mit »containern« und durch das wenige Geld hat sich das geändert.

»Vor allem beim 'Containern' haben wir immer viel Brot und Käse gefunden. Und dann habe ich mich gefragt: Warum soll ich es nicht essen, wenn es sowieso auf den Müll kommt.«

Mit »Containern« ist das Durchsuchen von großen Mülltonnen gemeint, die an den Supermärkten stehen. Dort werden viele verpackte Lebensmittel hineingeworfen, deren Mindesthaltbarkeitsdatum ab- oder fast abgelaufen ist. Obst und Gemüse ist aber meist lose. »Wir suchen uns dann raus, was uns noch gut erscheint. Gesundheitlich haben wir noch nie Probleme gehabt, aber die Märkte wollen nicht, dass wir ihre Mülltonnen durchsuchen.«

Sascha macht keine Unterschiede zwischen Tieren. Für ihn gibt es keine »niederen« Lebewesen. »Mücken und Fliegen verscheuche ich zwar auch mit der Hand, aber ich töte sie nicht mit Absicht.« Die Tierrechtsbewegung sieht er heute allerdings mit anderen Augen. »Ich finde sie zu dogmatisch. Der Gedanke ist natürlich noch richtig, dass keinen Tieren Leid zugefügt werden soll.« Doch früher hätte er niemals geduldet, dass jemand Fleisch auf den Rost legt, wenn er grillt. »Heute ist das okay. Mittlerweile geht es mir darum, Alternativen zum Fleischessen zu zeigen. Da lade ich Leute lieber ein und koch mit denen vegan, als sie anzumachen.«

Die Tierrechtsbewegung ist ihm zu kleinkariert, und Sascha versucht das zu erklären: »Das kommt daher, dass vor allem viele junge Leute mit unheimlich großem dogmatischem Aktionismus in die Bewegung gehen. Und sie verletzen viele andere Menschen, indem sie diese verbal angreifen.« So werden manchen Leuten einfach die Dönertaschen aus der Hand geschlagen. »Und auf den Demos wird viel zu viel ´rumgeschrien. Doch wenn du etwas verändern willst, dann sicherlich nicht dadurch, dass du andere Menschen verletzt und prollig anmachst. Früher hat auch mich die Machtlosigkeit, nicht alles ändern zu können, aggressiv gemacht.«

Während der Zeit der SV und der Tierrechtsbewegung werden die Probleme zwischen Eltern und Sohn immer größer. »Ich wollte mich selbst bestimmen, doch die vertrauten mir einfach nicht.« So fährt er am Wochenende nun oft von zu Hause weg und besucht Gleichgesinnte mit denen er über die Tierrechtsbewegung Kontakte geknüpft hat. Mit dem Wochenendticket der Bahn gehts mal nach Hamburg und Berlin zu Freunden, aber besonders oft nach Bochum. Hier trifft man sich vorm »Oblomow«, um das Wochenende miteinander zu verbringen. Vor allem Punks, Tierrechtler, Veganer und andere »Freaks« sind dort. Sascha schläft dann bei Freunden. Seine Eltern fragte er schon nicht mehr. »Die Beziehung war schon ganz schön kaputt.« Und wenn Sascha dann weg ist, wird er auch nicht groß von ihnen gesucht. Statt dessen hoffen sie, dass er sonntags wieder wohlbehalten zurück kommt.

Saschas Eltern versuchen, Einfluss auf ihren Sohn zu nehmen, indem sie ihm Gewissensbisse machen. »´Du machst dir dein Leben kaputt. Denk an deine Zukunft. Du sägst dir den Ast ab, auf dem du sitzt´, habe ich ständig zu hören bekommen. Mein Vater hats auf die harte Tour versucht, und ich habe null Unterstützung bekommen.« So entschließt sich Sascha mit 15, einfach nicht mehr mit ihm zu sprechen.

Die Schwierigkeiten zu Hause nehmen drastisch zu. Es folgen immer mehr Verbote, die von Sascha nicht eingehalten werden. Mit der Mutter spricht er auch nur noch gelegentlich. Dann findet ein Konzert in Bielefeld statt, und die

Situation eskaliert. Sascha will eine Verabredung mit seinen Eltern, dass er selbst bestimmen kann, wann er nach
Hause kommt, wenn er weiterhin zur Schule geht und sie
zu Ende macht. Doch diesem Wunsch folgen striktere
Verbote.

»Und dann hat 'Heiter bis wolkig' in Bielefeld gespielt.
Ich wollte dahin und durfte plötzlich nur bis zehn Uhr
raus. Wir haben uns mächtig gestritten und ich bin einfach
gefahren.« Als Sascha nach dem Konzert nach Hause
kommt, kann er die Haustür nicht öffnen. »Meine Eltern
haben die Kette einfach von innen davor gehängt.« Überrascht fährt Sascha mit dem Fahrrad zu seinem Freund, mit
dem er auf dem Konzert war. »Dort bin ich eine Woche
geblieben, aber trotzdem jeden Tag in die Schule gegangen.«

Nach einer Woche kehrt der Sohn dann wieder nach
Hause zurück. Doch die Situation wird nicht besser, und so
geht Sascha zum Jugendamt. »Ich habe versucht, mehr
Freiheiten gegenüber meinen Eltern zu erhalten. Ich wollte
weggehen dürfen, wann es mir passt. Und ich wollte dabei
unterstützt werden, meinen eigenen Weg zu finden. Zur
Schule zu gehen war für mich okay, wenn ich dafür mehr
Selbständigkeit und Eigenverantwortung erhalten würde.«
Und so bekommt er auf Anraten des Jugendamtes ein
Zimmer im Keller des Elternhauses, das eine eigene Küche
hat. Mit dem Jugendamt wird verabredet, dass seine Eltern
ihm monatlich 400 DM zahlen. »Davon musste ich aber
alles kaufen. Essen, Trinken, Klamotten und Dinge, die in
der Schule gebraucht werden. Wirklich alles.« Diese voll-
ständige Selbständigkeit klappt dann zwei Monate. Dann
werden die Zahlungen auf 200 DM monatlich gekürzt.
»Die Situation zu Hause wurde immer unerträglicher, und
über das Hüttendorf erfahre ich von einer Hausbesetzung
in Steinhagen. Ich fühlte mich zu Hause einfach nicht mehr
wohl und wollte einfach nur weg.« Ein paar Wochen vor
den Sommerferien, Sascha ist mittlerweile 16, kommt sonntags die Frau vom Jugendamt vorbei. Er sagt ihr damals,

dass er weg möchte und es so keinen Sinn mehr für ihn hat, bei seinen Eltern zu leben. Auch die Frau vom Jugendamt will ihn daraufhin nicht weiter durch seine Eltern unter Druck gesetzt sehen. Schließlich wird den Eltern geraten, den Sohn gehen zu lassen. »Die wollten aber eine Absicherung, dass sie nicht mit Strafen belegt werden können, falls sie mich laufen lassen. Ich war ja noch minderjährig und schulpflichtig.«

Nachdem die Sozialarbeiterin gegangen war, packte Sascha seinen Rucksack. »Ich habe mich von der Tante vom Jugendamt total verarscht gefühlt. Ich bin dann gegangen und habe noch 'Tschüss' gerufen. Genau weiß ich die Situation aber nicht mehr. So was verdrängt man ja auch.« Und so ist Sascha nach Steinhagen zur Hausbesetzung, wo er neun Monate blieb. Kurz vor Ende der Sommerferien besucht ihn dort sein Vater, weil er den Sohn überreden will, weiter zur Schule zu gehen. »Doch in Steinhagen gefiel es mir so gut, dass ich dazu keinen Bock mehr hatte.«

Während der Hausbesetzungsphase reist Sascha auch viel umher. Er besucht Freunde aus der Tierrechtsbewegung in der ganzen Bundesrepublik und ist oft in Bochum. »Bochum war immer Anlaufziel. Bin in Bochum oft ausgestiegen, weil ich es so symphatisch finde. Ich fühle mich zu Hause hier.«

Nach der Hausbesetzung führt Saschas Weg nach Mülheim. Dort bleibt er bis zum einundzwanzigsten Lebensjahr, und hier beginnt sein Leben im Bauwagen. Zunächst lebt er mit vier anderen im Wagen einer Freundin, bis jeder seinen eigenen hat. »Das war 'ne tolle Zeit. Wir gehörten so richtig zusammen. Du warst noch so jung und hattest noch so viel Energie.« Die Stadt Mülheim stellt den Bauwagenbewohnern ein Gelände zur Verfügung, das direkt an der Autobahn liegt. Sascha findet es aber trotzdem prima.

»Ich habe meinen ersten Bauwagen dann von einer Bekannten aus Wuppertal bekommen. Erst als Leihgabe, dann geschenkt.« Drei Jahre lang lebt Sascha mit anderen auf dem Platz und die Stimmung ist super. Schließlich kommt es aber zum Streit, weil ein Teil der Gruppe sich plötzlich als Herrscher aufspielt. »Die wollten keine neuen Leute mehr aufnehmen und begannen Regeln aufzustellen. Und ich gehörte zur Gruppe, der die Offenheit sehr wichtig war. Ich wollte jedem zumindest eine Chance geben.«

Der »herrschende« Teil der Gruppe verlässt schließlich das Gelände, aber mit den neuen Leuten und Bauwagen läuft es nicht so gut. Immer mehr Streitereien und Probleme tauchen auf, so dass Sascha Mülheim verlässt und mit seinem Bauwagen zunächst für ein halbes Jahr ins Hüttendorf zieht, bis er ganz nach Bochum kommt.

Aber auch während seiner Mülheimer Zeit ist Sascha oft und über längere Zeit in der Ruhrmetropole. Vor allem das ANTIFA-Café A.N.D.E.R.S. besucht er häufig. »Da kam eine ziemlich bunte Mischung von Leuten im Alter von sechs bis sechzig zusammen. Manche brachten ihre Kinder mit, und es kamen auch oft welche aus dem Jugendzentrum 'Falkenheim'. Sonst waren viele Straßenleute, Punks und Menschen vieler verschiedener Nationalitäten da. Aber auch ein Architekt, ein Security-Beamter und eine ältere Dame. Alle die dort hinkamen, waren ein bisschen freakig.« Am ANTIFA-Café A.N.D.E.R.S. faszinierte Sascha am meisten der soziale Zusammenhang der Leute. »Wir haben oft zusammen gekocht, miteinander gegessen und beieinander geschlafen. Für Straßenleute sind dadurch dauerhafte Schlafplätze entstanden. Wer Lust hatte, konnte nach dem Kochen etwas in die Spendendose tun, aber oft hat man einfach Zutaten mitgebracht. Manchmal haben wir auch was vom Gemüsehändler geschenkt bekommen.« In dieser Zeit knüpft Sascha viele feste Freundschaften, die auch heute noch bestehen.

Während seiner Mülheimer Zeit nimmt Sascha wieder Kontakt zu seinen Eltern auf. Vorher war dieser vollständig abgebrochen, und es gab auch keinerlei finanzielle Unterstützung von zu Hause. In seinem neuen Bauwagen kommt ihn die Familie dann aber auch besuchen. Nur der jüngere Bruder Fabian bleibt zu Hause. Etwas enttäuscht erzählt mir Sascha: »Mein Bruder hat mich noch nie besucht. Er kann sich leider nicht aufraffen, mal zu kommen. Er sagt zwar, dass er in den Ferien mal kommt, lässt sich dann aber doch nicht blicken.«

Die Schwester Wiebke begleitet ihre Eltern manchmal. »Meine Schwester mag mich. Sie nimmt mich auch öfter in den Arm, für sie bin ich der große Bruder.«

Als Sascha noch zu Hause wohnte, hatte er mit seinen Geschwistern nicht so viel zu tun. Weil sie sechs und vier Jahre jünger waren und der Abstand zwischen ihnen geringer war, als zum großen Bruder, blieben die beiden beim Spielen oft unter sich. »Aus der Spielphase war ich da schon raus.«

Nun fährt Sascha wieder öfter nach Hause. Dort schläft er im Gästezimmer der Familie. Und manchmal geht er mit seinem Vater auch zum Segeln an den Edersee, wo dessen Boot liegt. Als Sascha noch zu Hause gewohnt hatte, verbrachte er dort mit seiner Familie immer die Ferien und viele Wochenenden. »Segeln hat mir immer Spaß gemacht. Wenn ich nicht von zu Hause ausgezogen wäre, hätte ich auch einen Segelschein.«

Mit 20 macht Sascha dann den Treckerführerschein, den ihm seine Eltern zu Weihnachten und zum Geburtstag schenken. Von seinem Geld, das er in verschiedenen Gelegenheitsjobs verdient, kauft er sich seinen ersten Trecker. Einen grünen 1 Zylinder Bautz mit 12 PS, Baujahr 1957. Er bezahlt 2.000 DM dafür und kann von nun an sein Zuhause hin und her bewegen, wann er möchte.

Als sich Sascha wieder einmal in Bochum aufhält, hat er hier ein sehr unangenehmes Erlebnis. Plötzlich verschwindet das Lächeln aus seinem Gesicht. Mit finsterer Miene und kopfschüttelnd erzählt er, was passierte. »Wir kamen am 11. Dezember 1998 von der Uniparty. Wir waren betrunken und sind laut singend und lachend nach Hause gegangen. Während wir noch unsere Lieder brüllten und uns auf der Uni-Straße Ecke Oskar-Hoffmann-Straße befinden, taucht plötzlich Polizei auf - erst wenige, dann immer mehr.« Die Polizisten seien auf die Gruppe losgestürmt. Von den insgesamt neun Personen hätte keiner fliehen können, weil die Polizei sie eingekesselt habe. »Die haben einfach zugeschlagen. Einen von uns, den großen Sascha, haben sie gefesselt und mit dem Kopf durch die Windschutzscheibe gestoßen.« Dabei sollen sie gelacht und gesagt haben: »Und jetzt kriegst du noch 'ne Anzeige wegen Sachbeschädigung.« Danach sei der Verletzte sofort von den Polizisten mitgenommen worden. »Blöderweise hat der sich danach kein ärztliches Attest geholt.«

Besonders hart habe es aber Saschas afrikanischen Freund Kambal erwischt. »Die haben ihn hinter ein Polizeiauto gezerrt und ewig lange auf ihn eingetreten und eingeprügelt. Die nächsten Nächte konnte er vor Schmerzen überhaupt nicht mehr schlafen.« Zu den beiden Mädchen der Gruppe hätten die Polizisten gesagt, dass sie froh seien sollten, nicht in der Türkei zu sein. Dort würden ganz andere Dinge mit ihnen gemacht werden. »Und als Krönung mussten wir uns auch noch von den Polizisten anhören, dass Knäste für uns zu schade seien und man für uns Gruben graben müsse.«

Außer Kambal kamen alle anderen am nächsten Morgen frei. »Ihn behielten sie aus fadenscheinigen Gründen aber die ganze Woche da«, erklärt Sascha.

Nach diesem Erlebnis verbringt er viel Zeit in Bochum. Hier leistet er politische Arbeit, um den Fall an die Öffentlichkeit zu bringen und die Willkür der Polizei anzuklagen. Es werden 10.000 Flugblätter gedruckt, die den Vorfall schildern, und in der gesamten City verteilt. Bei der Polizei reichen sie Dienstaufsichtsbeschwerden ein, die kurze Zeit später eingestellt werden. »Heute ärgere ich mich, dass wir keine Strafanzeige erstattet haben. Aber unsere Anwältin hatte uns davon abgeraten.«

Zwei Jahre später, im Oktober 2000, finden dann die Prozesse gegen die »nächtlichen Sänger« statt, die mit großem Interesse von der Bochumer Presse verfolgt werden. Die Gerichtskosten gegen die neun Leute belaufen sich auf ca. 20.000 Mark. 2.000 DM musste allein Sascha zahlen. 1.000 DM zahlte er der Anwältin und weitere 1.000 DM musste er laut Gerichtsbeschluss an das pädiatrische Kinderzentrum zahlen, um das Strafverfahren gegen ihn einzustellen. Um die Kosten aller Beteiligten bezahlen zu können, organisiert Sascha mit ein paar Kollegen »Solidaritätskonzerte für die Opfer von Polizeiübergriffen«. Die finden unter anderem im Bahnhof Langendreer und im Planet in Bochum statt. »Wenn wir noch ein Konzert veranstalten, haben wir die Kosten raus.«

Den Gerichtsprozess gegen ihn kann Sascha auch heute nicht verstehen. Er wurde angeklagt, über einen Fiesta getrampelt zu sein, dessen Schaden sich auf 2.800 Mark belief. Des Weiteren wurde ihm vorgeworfen, dass er schreiend auf die Polizisten losgerannt sei und auf sie eingeschlagen hätte. Daraufhin sei er von den Beamten fixiert worden. »Die Sache mit dem parkenden Fiesta habe ich nie verstanden. Hab immer vermutet, dass es das Auto war, in das die Polizisten den Kopf vom großen Sascha reingeschlagen haben.« Er sei jedenfalls über kein Auto getrampelt und habe auch keine Randale gemacht.

»Im Gericht haben die versucht, mir total viel anzuhängen. Schwere Körperverletzung, dabei war ich der Kleinste und der Jüngste aus der Gruppe.« Und angeblich habe er sich heftig gewehrt. »Das einzige, was ich gemacht habe, ist, dass ich wie am Spieß geschrien habe, um die Anwohner aufzuwecken und die Polizisten einzuschüchtern.«

Seit zwei Jahren lebt Sascha nun fest in Bochum. Zuerst steht er mit auf dem Bauwagenplatz an der Oesterheide 2 in Langendreer, wo er sich seinen jetzigen blauen Bauwagen ausgebaut hat. Aber es kommt zu Konflikten zwischen »Alteingesessenen« und neuen Bauwagenbewohnern. Schließlich stellt sich die jüngere Crew auf das Gelände neben dem Platz. Das führt zu Streitigkeiten. Der Streetworker Jürgen Kottbusch erfährt von den Problemen, als er auftaucht, um einen der Bewohner zu besuchen. Sascha und die anderen wenden sich an ihn. »In Eigenarbeit und im Kontakt mit Jürgen haben wir dann ein Konzept entwickelt.«

Jürgen, der Streetworker, schildert der Stadt die Situation von Sascha und seinen Freunden, die ihnen daraufhin den Platz an der Alten Wittener Straße in Bochum zur Verfügung stellt. Doch bis es soweit ist, steht Sascha zunächst für vier Monate mit seinem Bauwagen und seinen zwei Treckern auf dem Parkplatz gegenüber vom Bahnhof Langendreer. Den zweiten Trecker kauft er sich nach dem Ausbau des Bauwagens. Er ist auch grün und ein 3-Zylinder Deutz, Baujahr 1962 und hat ebenfalls 2.000 DM gekostet.

Danach verbringt Sascha noch zwei Monate auf einem Zigeunerplatz, bis er im Oktober 2001 endlich das jetzige Gelände beziehen kann. Auf dem stehen insgesamt sieben Wagen, wovon einer kein Bau-, sondern ein Wohnwagen ist. Das fällt allerdings nicht gleich auf, weil er bunt bemalt ist. Nur fünf der Wagen sind bewohnt. Ein kleiner roter dient der Stromversorgung. In ihm steht ein Kühlschrank und der Verteilerkasten. Einen anderen hat sich Sascha als Werkstatt ausgebaut. Die beiden Trecker stehen vor dem eingezäunten Gelände, wo zur Zeit noch ein weiterer Bauwagen steht, den sich eine Freundin von Sascha gerade ausbaut.

Doch vielleicht müssen sie den neuen Platz schon bald wieder verlassen. In der Zwischenzeit sind Probleme mit den Nachbarn aufgetreten. Sie stören sich an der fremden Lebensweise und haben sich schon des öfteren bei der

Stadt beschwert. Ihnen ist der Platz zu dreckig, die Leute zu laut und die Hunde bellen zu viel. »Dabei haben die selbst Hunde.« Sascha war mit einem Streetworker der Stadt bei ihnen, um sich die Probleme anzuhören und zu versuchen, die Situation zu schlichten. Hauptargument der Nachbarn war, dass ihr Grundstück stark an Verkaufswert verloren hätte, seit die Bauwagenbewohner nebenan »hausten«. Sascha merkt nur an: »Die wollen doch gar nicht verkaufen. Und selbst seit wir allen Verhaltenswünschen der Nachbarn nachkommen, hören die Beschwerden bei der Stadt nicht auf.«

Und so sucht die Stadt Bochum bereits ein anderes Gelände, dass sie den Bauwagenbewohnern zur Verfügung stellen kann. Sascha und die anderen träumen von der Möglichkeit, einen Platz zu einem realistischen Preis pachten zu können. Und deshalb gründen sie zur Zeit auch einen Verein, der »Die Natur ist unser Wohnzimmer« heißen soll. »Dann kann das ganze unbürokratischer ablaufen, und die Stadt hat einen Ansprechpartner, der auch haftbar gemacht werden kann.«

Zunächst soll der Platz auf vier Jahre zu pachten sein. Dann sollen beide Seiten bestimmte Verhaltensregeln miteinanderaushandeln. Sind die Bestimmungen nach den vier Jahren eingehalten worden, so soll ein Recht auf Erbpacht für 99 Jahre eingeräumt werden. »Wichtig wäre, dass der Platz eine Strom- und Wasserversorgung hat, sowie Toiletten und Duschen. Wir wollen eine kleine grüne Oase, ein kleines Paradies schaffen. Und dazu brauchen wir ein neues Gelände.« Das sollte etwas größer und für mehr Wagen ausgerichtet sein. So dass man unter anderem auch Platz für einen Gemeinschaftswagen hätte. Und vor allem auch mehr Freiheiten, damit man Bepflanzungen vornehmen kann und die Möglichkeit hat, selber Wege mit Platten zu legen. »Zur Zeit ist das größte Problem bei unserem Platz, dass es an trockenen Orten fehlt. Wenn es geregnet hat, steht er leicht unter Wasser, und man muss durch Schlamm zu den Wagen waten. Wegen der großen Bäume wird das Gelände nicht so schnell trocken, und die Feuchtigkeit zieht in die Wagen. So kann das Holz anfangen zu schimmeln.«

Im September wird Sascha eine Lehre als Landmaschinenmechaniker an der Universität Bochum beginnen. Darauf freut er sich schon sehr: »Von mir aus könnte die Ausbildung morgen schon losgehen. Ich mag das handwerkliche Arbeiten total gern.« Vor einiger Zeit hatte er dort schon ein Praktikum absolviert. »Der Meister hatte zuerst Vorurteile gegen mich. Aber als er gemerkt hat, dass mir die Sache ernst ist, kam er gut mit mir aus.« Sonst hätte man ihm wohl auch nicht die Lehrstelle gegeben. Und auch Saschas Eltern sind sehr froh, dass ihr Sohn etwas gefunden hat, was ihn richtig interessiert. Sie sind stolz und begeistert, dass ihr Sohn nun doch noch eine Ausbildung beginnen wird. »Durch die Strenge zu Hause haben sie immer versucht, dass ich vernünftig werde. Jetzt bin ich eigentlich ganz vernünftig, glaub ich. Und die sind erleichtert, dass doch noch was aus mir wird.«

Sein Interesse für Werkzeug hat Sascha vor ca. zwei Jahren entdeckt. An den alten Treckern musste immer viel herumgeschraubt werden, und der Einsatz von Werkzeugen wurde zur Notwendigkeit. Sascha war begeistert, was man alles damit machen kann und wie es einem die Arbeit und den Alltag erleichtert.

Als ein Freund von Sascha stirbt, vermacht ihm dessen Frau das Werkzeug ihres Mannes. Der 50-jährige Mann lebte auch in einem Bauwagen, und Sascha erzählt, dass er oft bei ihm war. »Er hatte zwar selbst Familie, aber ich glaube, ich war so etwas wie ein Sohn für ihn.« So kam es durch unglückliche Umstände, dass der Aussteiger mittlerweile eine beachtliche Anzahl verschiedener Werkzeuge hat.

Vor einem Jahr ist Sascha dann der Motor des Bautz kaputt gegangen. Überall sucht er nach dem passenden Ersatzteil, bis er endlich ein bezahlbares Angebot im

Internet findet. Doch der Motor ist nicht im Nachbarort, sondern liegt nahe der belgischen Grenze. Damit er ihn abholen kann, erklärt sich sein Vater bereit, das Auto zur Verfügung zu stellen und mit dem Sohn dort hinzufahren. Mit leuchtenden Augen erzählt Sascha: »Als wir dann wieder nach Bochum zurückkamen, war es schon ziemlich spät. Und mein Papa entschloss sich, bei mir zu bleiben. Und dann hat Papa mit mir hier in meinem Bett geschlafen. Das war total cool.«

Obwohl die Lehre noch nicht begonnen hat, ist der Tagesablauf von Sascha geregelt. Er steht gegen neun Uhr auf, und danach frühstückt er gemeinsam mit den anderen im Küchenzelt, wo meist auch zusammen gekocht und zu Abend gegessen wird. Dazu steuert jeder etwas bei. Das Küchenzelt ist ein Platz vor einem Bauwagen, der mit einer Plane überspannt ist. In der Mitte stehen ein Tisch und Stühle. An den Seiten lassen sich die Küchenutensilien verstauen. Bei zu großer Kälte wird es allerdings recht kühl, weil die Seitenwände nicht komplett zu sind. So kann einem der Wind ganz schön um die Beine wehen. Doch bei schönem Wetter lässt sich's dort gut sitzen.

Nach dem Frühstück werden dann die verschiedenen Aufgaben erledigt, die anfallen. So wurde vor kurzem ein Zaun um das Gelände gezogen, weil die Stadt Bochum das so wollte. Die Stadt hat das Material bezahlt und die Arbeitsstunden der Bauwagencrew, die den Zaun selbst errichtet hat. Ansonsten muss frisches Wasser geholt werden und auch Holz und Gas, damit gekocht werden kann. Die Holzversorgung ist zur Zeit allerdings gut, weil ein alter Baum auf dem Gelände umgestürzt ist. Seit einem halben Jahr versorgt er die Bauwagenbewohner nun schon mit Holz.

»Es fallen immer viele Arbeiten an. Vor allem die Trecker müssen in Ordnung gehalten werden.« Sascha braucht sie zum Wasserholen, aber auch zum Rangieren der Wagen.

Auch die Bauwagen selbst müssen ständig gewartet und repariert werden. Manchmal meldet sich noch eine Zeitarbeitsfirma, wenn sie Gelegenheitsjobs für Sascha gefunden hat. Und dann muss er noch regelmäßig zur Fahrschule. Zur Zeit macht er den erweiterten Führerschein der Klasse 3, der ihm erlaubt, PKW mit Anhänger und kleine LKW zu fahren.

Geld hat Sascha nicht viel zur Verfügung. Er hat keine Sozialhilfe beantragt, und so hat er monatlich maximal 300 Euro zum Ausgeben. »Und das ist ein guter Monat.« 45 Euro gehen monatlich für das Young-Ticket des VRR drauf. Für sein Handy bezahlt er ca. 50 Euro. Sonst fallen noch ungefähr 15 Euro für Strom, 30 für die Trecker und 30 für das Gemeinschaftsauto an. Ein VW-Bus, den alle Bewohner des Platzes nutzen. Was noch übrig bleibt, verwendet Sascha zum Einkaufen von Lebensmitteln. »Ich 'container' nicht mehr so viel, weil ich ja ein bisschen Geld habe. Wenn's nicht unbedingt sein muss, lass ich es auch lieber.«

Sascha »will nichts groß vom Staat. Nur eine Krankenversicherung, die hätte ich schon gern.« Von seinem geringem Einkommen kann er diese allerdings nicht bezahlen. Und so muss er wohl noch bis zur Lehre warten, bis er versichert ist.

Finanzielle Unterstützung von zu Hause bekommt Sascha auch nicht. Nur, wenn er mal nach Hause fährt, drückt ihm die Mutter oder Oma »nen Fuffi« in die Hand.

Mit seinem Leben im Bauwagen ist Sascha rundherum zufrieden. Lächelnd, mit vor Begeisterung leuchtenden Augen, erzählt er: »Ich bin richtig glücklich hier.« Er erklärt, dass es um ein bestimmtes Lebensgefühl geht. So liebt er die Freiheit und Nähe zur Natur. »Du machst die Tür auf und bist draußen. So ganz nah dran an der Natur.« Deshalb ist auch die Tür des Bauwagens immer weit geöffnet. »Ich finde es schön, so zu leben.«

Sascha liebt es besonders, draußen am offenen Feuer zu sitzen. Die aufsteigende Wärme und das Knistern des Holzes faszinieren ihn, und dann fühlt er sich so richtig frei.

»Der Bauwagen ist mein Eigentum, mein eigenes 'Haus'. Aber ich kann es bewegen und mitnehmen, wenn ich mal woanders hinwill. Für'n Jahr oder auch, um jemanden zu besuchen.« Zur Zeit steht Sascha damit in Münster, weil seine Freundin dort im Krankenhaus liegt und operiert wird. Und so kann er in der schweren Zeit bei ihr sein.

Alles ist aber noch nicht perfekt. So benötigt er noch einen größeren Trecker mit Frontlader und Luftdruck-bremsen und verschiedene Werkzeuge. Vor allem eine Standbohrmaschine und einen Kompressor. Sein größter Wunsch ist allerdings ein Zirkuswagen. Wenn zwei oder drei Leute zu Besuch kommen, ist ihm sein Bauwagen zu klein. Ansonsten könnte er noch ein paar Kleinigkeiten gebrauchen. Einen Farbfernseher oder Videorecorder. »Das ist zwar nicht wichtig und notwendig, aber es ist schon schön, wenn man mal was gucken kann.«

Politisch ist Sascha nicht mehr so aktiv. »Zu Demos gegen Naziaufmärsche gehe ich aber noch hin. Dagegen muss man protestieren und zeigen, dass man anderer Meinung ist.«

Angst vor Menschen hat Sascha keine. Nur Sorge vor »verrückten Alkleuten von der Straße, die auf solchen Plätzen oft auftauchen, schwer loszuwerden sind und so einem Projekt schaden können. Ich kannte mal einen, der ist nur mit der Axt rumgerannt. Und da wird einem schon anders.« Ansonsten ist er nicht misstrauisch und verängstigt gegenüber Menschen. »Ich habe keine Angst vor Menschen, was sollen die mir?« Und so ist er auch im Gespräch mit mir offen und freundlich. Er zeigt mir seine Privatsphäre und gönnt mir einen Einblick in sein Leben, und man merkt, wie er Spaß daran hat, Menschen kennen zu lernen und mit ihnen zu reden.

Plötzlich höre ich den Ruf: »Essen ist fertig!« und schlagartig befinde ich mich wieder auf unserer Couch im Wohnzimmer. Langsam gehe ich in die Küche. Doch ganz können meine Gedanken sich noch nicht von Sascha trennen. Bis ich voll da bin und wir gemeinsam essen, muss ich daran denken, wie ich mit Sascha beim Chinesen war.

Ich hatte ihn eingeladen, und als Vorspeise gab es Frühlingsrolle. Dazu wurden ein Löffel und eine Gabel gereicht. Sascha blickt auf dem Tisch umher und sucht das Messer. Er fragte, ob ich auch eins brauche, aber ich verneinte. Dann stand er auf und lief durch das Restaurant. Der Kellner fragte ihn, was er brauche, und Sascha teilt es ihm mit. Aber auf das Angebot des Chinesen, der ihm das Messer bringen wollte, ging er nicht ein. Wie selbstverständlich lief Sascha weiter Richtung Küche, bis ihm eine andere Kellnerin das Messer reichte. Zufrieden kehrte er zum Tisch zurück und begann zu essen.

VOM AUSSTERBEN BEDROHT:
DER KUCKUCK

TILL MOOR ÜBER VOLKER SENDT

Volker Sendt stellt das Wasserglas auf dem blau-weißen VfL-Bochum-Bierdeckel ab, lehnt sich in seinem Bürostuhl zurück und schüttelt den Kopf. »Ich habe gleich nach Ihrem Anruf überlegt, was ich Ihnen Interessantes über mich und meinen Beruf erzählen könnte. Aber viel ist mir da nicht eingefallen«, erzählt er seinem Gegenüber. Dieser klickt nachdenklich zweimal mit dem Kugelschreiber und klappt sein Notizbuch zu. Also ein ganz normaler Mann in einem ganz normalen Beruf? Wohl kein vielversprechendes Thema für die Leser!

Fünf Minuten später ist das Eis jedoch gebrochen und der 49-jährige fängt an, von Bochumer Schicksalen und seinem eigenen Leben im Ruhrgebiet zu erzählen. Das Notizbuch springt wieder auf, der Stift ist gezückt.

Seit mehr als 20 Jahren ist Sendt einer von 20 Gerichtsvollziehern in Bochum, und so ganz normal, wie er zu glauben meint, ist sein Leben dann doch nicht. »Ich bin in gewisser Weise ein Hybridwesen«, beschreibt er die

Besonderheit seines Berufes. Sendt ist zwar Beamter und im Dienst des Bochumer Amtsgerichts vor allem in seinem Wattenscheider Bezirk tätig, aber im Gegensatz zu vielen anderen Staatsdienern ist seine Arbeit durch eine besondere Flexibilität und Unabhängigkeit gekennzeichnet. Wie ein selbstständiger Unternehmer arbeitet der Gerichtsvollzieher von seinem eigenen Büro aus, das sich direkt unterhalb des heimischen Wohnzimmers in einem Mehrfamilienhaus in Bochum-Stiepel befindet. Dadurch unterscheidet sich Sendts Arbeitsplatz wesentlich von einer üblichen Amtsstube. Statt Linoleumfußboden, billigen Topfpflanzen auf der Fensterbank und flackernden Neonröhren an der Decke gibt es in Sendts Büro gefliesten Fußboden samt Teppich, Gardinen an den Fenstern und Tapete an den Wänden. Mit Blick auf die technische Ausstattung seines Büros, ein schwarzer Minifernseher, das gerade ratternde Faxgerät und der für seine Arbeit unentbehrliche Computer kratzt sich Sendt den Kopf, rechnet noch einmal nach und streicht sich mit der Hand durch die dunkelblonden, leicht lockigen Haare: »Können Sie sich vorstellen, dass ich vor einigen Jahren einer der ersten Bochumer Gerichtsvollzieher war, der sich einen Computer angeschafft hat? Dafür habe ich extra einen Kredit über 13.000 Mark aufnehmen müssen, weil es damals die Rechner noch nicht zu Discounter-Preisen gab. Viele Kollegen haben mich schlichtweg für verrückt erklärt.« Aber gelohnt hat sich die Investition in jedem Fall, schließlich ließ sich der damals wie heute unausweichliche Papierkram deutlich schneller bewältigen als bei den nur mit einer altmodischen Schreibmaschine ausgestatten Kollegen.

Neben einem festen Gehalt bekommt Sendt einen Anteil an den von ihm erhobenen Gebühren. Die Höhe dieser Prämie wird in Sendts Fall jedes Jahr vom Land Nordrhein-Westfalen neu bestimmt und richtet sich nach den für einen Gerichtsvollzieher entstandenen Durchschnittskosten für Material und Personal. So erhält der Gerichtsvollzieher vom Gläubiger bei Auftragserteilung für eine Pfändung eine Vorschussgebühr von 12,50 Euro und für eine Räumung innerhalb von drei Stunden 70 Euro. Von diesem Geld stehen Sendt wiederum 65 Prozent als Anteil zu, die es ihm ermöglichen, zusätzlich eine Schreibkraft in seinem Büro zu beschäftigen, die ihm den Rücken frei hält. Die anderen 35 Prozent fallen an das Land. »Durch unseren Beruf arbeiten wir Gerichtsvollzieher nicht nur im Büro, sondern auch viel draußen bei unseren Kunden. Diese nicht immer leichte Aufgabe wird mit den Prämien honoriert.«

Die Computerspiele und Romane neben Gesetzestexten und Aktenordern in den schwarzen Holzregalen zeugen jedoch davon, dass in dem Zimmer nicht nur gearbeitet wird. Darauf angesprochen deutet Sendt mit einem Lächeln auf den Joystick, der neben dem Computer steht. »Meine Frau ist davon gar nicht erbaut, aber Sie wissen ja - das Kind im Manne. Außerdem ist das ganz wunderbar. Ein kleines Computerspielchen oder Surfen im Internet ist die richtige Entspannung nach getaner Arbeit«, verweist der Gerichtsvollzieher auf den Ärger, den er so oft schlucken muss. »Deshalb schnüre ich auch einmal in der Woche die Fußballschuhe - zum Aggressionsabbau.« Zwar sei er noch nie körperlich bedroht worden, aber so mancher starrsinnige Schuldner leistet sich im Laufe der Woche ein Wortgefecht mit dem Gerichtsvollzieher.

Auch wenn Volker Sendt mit einem Kettchen unter dem Jeanshemd und dem Dreitagebart eher wie ein Brummi-Fahrer als ein typischer Beamter wirkt: auf pauschale Beamtenkritik reagiert er zornig: »Hin und wieder schreib ich auch mal einen Leserbrief, wenn ich das ganze Gerede um die Faulheit der Beamten und die Verschwendung der Steuergelder nicht mehr hören kann.« Ansonsten hat sich das Berufsbild des Gerichtsvollziehers in den letzten

Jahren stark geändert. Das Maskottchen des Berufsstandes - der Kuckuck - ist so gut wie ausgestorben. »Seit es bei Aldi viele Sachen noch billiger gibt, rentieren sich Pfändungen und Versteigerungen kaum noch. Stattdessen müssen immer mehr Schuldner mit dem Offenbarungseid die Hosen runterlassen«, beschreibt Sendt die veränderte Situation.

Seit seinem vierzehnten Lebensjahr ist Sendt im Justizdienst. Der Sprössling einer Arbeiterfamilie - Sendts Vater arbeitete bei Krupp - wollte als Kind immer Maler und Anstreicher werden. Nach dem Schulabschluss zog es ihn dann jedoch ans Bochumer Amtsgericht, wo er seine Ausbildung in der Kanzlei des Gerichts absolvierte. Während dieser Zeit traf er auch seine Frau, die für die Bochumer Staatsanwaltschaft ebenfalls im Justizdienst tätig war. »Wie heißt es so schön: Wir haben uns kennen und lieben gelernt.« Nach dem Wechsel in den mittleren Justizdienst bot sich ihm mit 27 Jahren im Rahmen einer Ausschreibung des Landes NRW die Möglichkeit, sich innerhalb von zwei Jahren zum Gerichtsvollzieher ausbilden zu lassen. Neben dem durch die Gebührenanteile deutlich besseren Auskommen reizte Sendt vor allem die berufliche Herausforderung. Es sei vielleicht nicht sein Traumjob, aber gerade der große Handlungsspielraum bei seiner Arbeit mache seinen Beruf so reizvoll. »Und dann hat einfach alles gepasst. Mit der neuen Arbeit war die weitere Familienplanung auch kein Problem mehr. Meine Frau hat mit der Arbeit aufgehört und sich um die Kinder gekümmert, während ich als Gerichtsvollzieher angefangen habe«, erzählt Sendt.

Seine Arbeit bringt ihn regelmäßig in Kontakt mit Menschen, denen die Schulden über den Kopf gewachsen sind und die an ihren Problemen zu verzweifeln drohen. Schließlich führt ihn sein Dienst in die Wohnungen der Schuldner und bietet ihm so eine ganz andere Sicht als über den Schreibtisch einer Behörde hinweg. Die Gläubiger haben den Gerichtsvollzieher mit einem Schuldtitel beauftragt, ihre Schulden einzutreiben, und darin sieht Sendt auch seine Hauptaufgabe. Die Schuldner zu beraten, hat er längst aufgegeben, da sich viele einfach als beratungsresistent erweisen und häufig jemanden brauchen, der sie zur Zahlung ermahnt. »Dabei kann eine Verständigung mit dem Gläubiger in vielen Fällen so einfach sein. Ein Telefonanruf, und man hat eine geringere Ratenzahlung vereinbart. Statt dessen versuchen viele Schuldner das Problem auszusitzen, was unweigerlich in die Hose geht.« Die Arbeit der öffentlichen Schuldnerberatungsstellen begrüßt er jedoch. »Durch das geänderte Insolvenzrecht bei Privatpersonen gibt es auch mit riesigen Schulden noch einen Ausblick, auch wenn ein schwerer Weg vor den Leuten liegt.«

Besonders betroffen gemacht habe ihn eine Geschichte, die er vor Jahren habe miterleben müssen, berichtet Sendt. Er hatte gegen eine Familie eine Zwangsräumung veranlassen müssen, die ihre Schulden und die Miete nicht mehr hatte zahlen können. Der Vermieter hatte nach mehreren Mahnungen die Räumung beantragt, was für die Familie den Auszug in eine Sozialwohnung und die Einlagerung ihrer Möbel bedeutete. Die Ehefrau hatte ihren Mann jedoch nicht über die Schwierigkeiten und die drohende Räumung informiert, sondern war heimlich still und leise in der Nacht verschwunden. »So habe ich am Morgen mit dem für die Räumung zuständigen Spediteur den gehörnten Ehemann geweckt, der völlig fassungslos weinend auf der Bettkante saß, während wir seine Wohnung ausräumen mussten«, berichtet Sendt von den ergreifenden Momenten seiner Arbeit. Nicht selten komme es vor, dass Hausfrauen den bunten Bildern in den Katalogen nicht widerstehen könnten und so ein Loch in die Haushaltskasse rissen. Die Schulden können sich dabei von einigen hundert Mark bis hin zu mehreren Tausend erstrecken. »Bitte, sagen Sie bloß meinem Mann nichts«, bekommt der Gerichtsvollzieher dann häufig zu hören. Dann heißt es für Sendt, nach einer für den Schuldner und vor allem für den Gläubiger befriedigenden Lösung zu suchen. Er verschafft sich einen Überblick über die finanzielle Situation der Schuldner und entscheidet dann, wenn noch Geldmittel vorhanden sind, ob eine Zinsstundung oder verringerte Ratenzahlung möglich ist. Ist der Schuldner dazu jedoch nicht in der Lage, heißt das für Sendt, im Rahmen einer Pfändung nach Wertgegenständen zu suchen oder gleich einen Offenbarungseid abzunehmen. In diesem Fall ist der Geldgeber meist der Dumme, weil er bei einer Pfändung und einer darauf folgenden Versteigerung nur einen Bruchteil seines Geldes erhält und noch dazu die Gebühren tragen muss. Bei einem Offenbarungseid ist der Schuldner meist derart blank, dass die Gläubiger auf nicht absehbare Zeit auf ihr Geld warten müssen.

Positiver in Erinnerung bleiben da die Erlebnisse mit Happy End. Ein anderer Termin für eine Zwangsräumung führte ihn in die Wohnung eines alkoholkranken Lehrers, der nach der Scheidung getrennt von seinem Kind allein lebte. »Er bat uns, ihm wenigstens das Kinderzimmer zu lassen. Da wir aber die ganze Wohnung räumen mussten und die Möbel eingelagert werden sollten, konnten wir ihm diesen Wunsch leider nicht erfüllen. Ich hatte zwischendurch echt Angst, dass er sich was antut«, erzählt Sendt. Für den richtigen Umgang mit Menschen in solchen Situationen braucht man dann schon das richtige Fingerspitzengefühl, da helfen Vorschriften und Paragraphen wenig. »Man muss wissen, wann man freundlich und wann konsequent auftreten muss.« Später habe er den Schuldner einmal zufällig in der Bochumer Fußgängerzone getroffen. Dank einer neuen Lebensgefährtin habe er den Alkohol links liegen gelassen und sich aus dem Schuldensumpf befreien können.

Solche Fälle sind aber eher die Ausnahme im Arbeitsalltag des Justizbeamten. »Ich hab eigentlich einen ganz normalen Bezirk«, ist Sendt froh, dass es ihn nur selten, und dann meist auch nur als Urlaubsvertretung, in die Wohngebiete der Bochumer »Schönen und Reichen« verschlägt. »Da kann ich dann auch mal wütend werden, wenn mich der verschuldete Villenbesitzer vor versammelter Nachbarschaft wie einen Hausierer an der Haustür abkanzelt und dann meint, sich am nächsten Tag telefonisch melden zu müssen. Ob man das Ganze nicht auch unauffälliger lösen könne, man sei ja bereit, seine Schulden zu bezahlen«, heißt es dann entschuldigend. Volker Sendt schüttelt den Kopf. Da ist ihm sein Bezirk in Wattenscheid doch deutlich lieber.

Sendt steht auf, legt die Vfl-Bierdeckel zurück in die Schublade, schließt die Bürotür hinter sich ab und setzt sich hinter das Lenkrad seines blauen Toyota Vans. Aus den Boxen des Autoradios klingt bei EinsLive gerade das neue Lied der »No Angels«. »Durch meine 16- und 19-jährigen Töchter bin ich da sowieso voll im Bilde«, sagt Sendt und dreht die Musik etwas leiser. Dass er zu Hause nur die Männerquote darstellt, ist ihm dabei ganz recht. »Frauenpower ist ganz wunderbar«, meint er, schließlich sei es ihm nie auf einen Stammhalter angekommen. Auch in seinem Beruf halten immer mehr Frauen Einzug. Mittlerweile arbeiten unter den zwanzig Bochumer Gerichtsvollziehern fünf Kolleginnen. »Und die machen den Job mindestens genauso gut!«

Der 49-jährige mag vor allem Musik, die auch von den Künstlern ernst gemeint und kein Kunstprodukt ist. Vor allem Heavy Metal und Hard Rock erfüllen seine Kriterien guter Musik. »Von Deep Purple hab ich alles! Aber auch der Hardrock der Klassik gefällt mir«, erklärt der Beamte, blickt kurz in den Rückspiegel und wechselt die Spur. Daher kann er sich ganz gut sowohl Konzerte der Altrocker als auch klassische Aufführungen in der Oper ansehen. »Mozart und Beethoven sind mir zu labbrig. Aber die Werke von Wagner und Bruckner können mich zu Tränen rühren.«

Er fährt auf den Parkstreifen vor einem Wohnhaus in Bochum-Wattenscheid. Mit einem Griff in die Aktentasche hat er die passenden Unterlagen und steigt aus. Ein Kioskbesitzer hat über seine Verhältnissen gelebt und muss einen Teil seiner Schulden beim Gerichtsvollzieher bezahlen. Sendt schüttelt die ihm entgegengestreckte Hand und setzt sich im Nebenzimmer des Büdchens an einen weißen Gartentisch. Der Schuldner im Trainingsanzug stellt sich neben den in blauen Jeans gekleideten Gerichts-vollzieher und blättert 600 Euro auf die Tischfläche. »Herr Sendt, bis wann soll ich Ihnen den Restbetrag bezahlen?« Der Angesprochene zählt noch einmal nach, steckt das Geld in sein schwarzes Arbeitsportemonnaie und ver-gleicht den Betrag mit den Angaben auf seinem Notizzettel, der auf jeder Mappe haftet und ohne langes Blättern einen Überblick über den Schuldenstand ermög-licht. »Also wenn Sie meinen, Sie können die noch ausste-henden 510 Euro in den nächsten zwei Wochen bezahlen, schaue ich dann einfach noch mal vorbei«, lautet seine Antwort. Der Kioskbesitzer wirft einen kurzen Blick auf den Jahreskalender, der an der weiß verputzten Wand hängt, und nickt. Das sei kein Problem, ist er sich sicher. »Falls Ihnen doch noch etwas dazwischen kommen sollte, melden Sie sich einfach noch mal, dann regeln wir das schon. Meine Telefonnummer haben Sie ja.« Er klappt seine Mappe zu und verabschiedet sich. Dadurch, dass der Gerichtsvollzieher ihn jetzt persönlich zu regelmäßigen Zahlungen anhält, ist der Kioskbesitzer bemüht, einen Teil seines Ertrages zum Schuldenabbau zurückzulegen, wäh-rend er vorher die Mahnungen der Gläubiger ignoriert hat.

Wieder im Auto wendet er, um einige Straßenzüge wei-ter erneut an einer Haustür zu klingen. »Ich hoffe, Sie hat-ten schon die Windpocken?«, schallt es ihm bereits im Hausflur entgegen. In der 3 ½-Zimmer-Wohnung im vier-

ten Stock angekommen, versteht er die Frage. Ein 12-jähri-
ger Junge liegt mit einer dicken braunen Wolldecke zuge-
deckt auf dem Sofa und kratzt sich die roten Stellen.
»Meine Tochter hatte die Windpocken schon. Mein Älte-
ster hat sie sich wahrscheinlich in der Schule eingefangen«,
hebt die Hausfrau und Mutter entschuldigend die Hand.
Herr Sendt winkt ab und wirft einen Seitenblick auf seine
Begleitung, die schon anfängt sich zu kratzen..

Der aufgeklebte Merkzettel mit den Bleistiftnotizen
informiert Sendt auch hier über das Wichtigste. Die Familie
kann die Bogestra-Jahreskarte nicht bezahlen, so dass der
Gerichtsvollzieher auf den Plan treten musste. Er nimmt
die Rate entgegen, verabredet einen weiteren Termin und
winkt zum Abschied dem Jungen auf seinem Krankenbett
aufmunternd zu. Im Auto legt er die Unterlagen auf den
Rücksitz, schnallt sich an und schüttelt den Kopf.
»Eigentlich bin ich bei so etwas völlig überflüssig. Aber
viele Schuldner sind, wenn ihnen nicht jemand im Nacken
sitzt, nicht in der Lage, das Geld direkt an den Gläubiger
zu überweisen. Dass ein Gerichtsvollzieher noch zusätzlich
Gebühren kostet, wird dann von vielen einfach in Kauf
genommen.«

Er stellt das Autoradio wieder etwas lauter und fährt
los. Auf den nächsten Termin ist er besonders gespannt.
Die Schuldner hatten immer wieder versucht, den
Gerichtsvollzieher zu vertrösten. Auf die schriftlichen
Aufforderungen kamen keine Antworten, und auch am
Telefon war ständig nur der Anrufbeantworter. »Bis mich
die Frau irgendwann über ihr Handy angerufen hat und
mir erklärte, wie schwierig ihre Situation doch im Moment
wäre. Da hatte ich dann zumindest schon mal ihre
Telefonnummer. Vielleicht hätte sie lieber von einer
Telefonzelle aus anrufen sollen?!«, Sendt zuckt mit einem
Grinsen die Schultern. Zwischendurch hatte er gegen den
Ehemann und Familienvater sogar einen Haftbefehl
erwirkt, um in der Sache weiter zu kommen. Einen

Haftbefehl kann der Gerichtsvollzieher von einem Richter ausgestellt bekommen, wenn der Schuldner nach einer fruchtlosen Pfändung die Abgabe eines Offenbarungseides verweigert. »Dann können wir den Schuldner mit einem Haftbefehl bis zu sechs Monate in Gewahrsam nehmen, bis derjenige bereit ist, Auskunft über seine Vermögensverhältnisse zu geben. Das passiert aber wirklich ganz, ganz selten.« Vor Jahren habe sich mal ein Arzt geweigert, den Offenbarungseid abzulegen, nachdem er sich zuvor seine Praxis mit dem neuesten technischen Gerät voll gestellt hatte, aber seine Schulden nicht bezahlen konnte. »Nach fünf Tagen Haft hat er es sich dann anders überlegt.« Sendt will deutlich machen, wie sinnlos es ist, sich vor den Schulden zu drücken. Viele flüchten vor dem Gerichtsvollzieher und sind weder telefonisch zu erreichen noch in ihrer Wohnung anzutreffen. »Aber wenn man sie erst einmal hat, sind die meisten eigentlich auch bereit, die eidesstattliche Erklärung abzugeben. Ohne Not ins Gefängnis will nämlich keiner.«

Auch im aktuellen Fall war die Schuldnerin beim nächsten Telefongespräch dann zu einem Offenbarungseid bereit. »Dann wollen wir mal sehen, ob sie uns auch die Tür aufmacht«, meint der Justizbeamte, parkt den Wagen und sucht bei dem Wohnhaus nach dem richtigen Klingelschild. Der Türsummer brummt, wenige Minuten später sitzt Sendt auf dem Sofa und breitet auf dem Wohnzimmertisch seine Unterlagen aus. Die arbeitslose Schuldnerin ist bereit, den Eid zu leisten, der offen legt, inwieweit der Gläubiger noch eine Tilgung seiner Schulden erwarten kann. Sendt hat das entsprechende rosafarbene Formular bereits in der Hand und macht in den entsprechenden Feldern Kreuzchen. »Haben Sie eine Lebensversicherung? Einen Bausparvertrag? Wertpapiere? Sparbücher? Schmuck? Haben Sie in letzter Zeit Wertgegenstände an Verwandte verschenkt?«, lauten seine Fragen. Überall kann er »Nein« ankreuzen. Auch vom

Familienauto, einem Peugeot Baujahr '87, ist kein Gewinn mehr zu erwarten. Lediglich vom Arbeitsamt steht noch die Zahlung des Krankengeldes aus, wenn der Amtsarzt den Krankenschein der Schuldnerin bestätigt. »Ja, ja, einem nackten Mann kann man nicht in die Tasche greifen«, witzelt Sendt.

Auf der Rückfahrt ins Büro tippt Gerichtsvollzieher Sendt an den am Rückspiegel baumelnden Vfl-Wimpel. »Wir Bochum-Fans sind nicht so fanatisch, sondern etwas intellektueller als Dortmunder oder Schalker!«, sagt der Mittelstürmer des FC Justicia. »Wenn die Leistung der Mannschaft nicht stimmt, können wir auch einfach mal zu Hause bleiben und das Spiel im Radio verfolgen«, ist sich Sendt sicher, dass dies den feinen Unterschied zur Konkurrenz im Ruhrpott ausmacht. Er selbst spielt und lebt Fußball, seit er denken kann. Für die »Betriebsmannschaft« aus Justizangestellten und Anwälten stürmt Sendt bereits seit 35 Jahren. Seine Familie lebt seit Generationen in Bochum, und daher besitzt er zur Stadt und zum Ruhrgebiet eine tiefe Verbundenheit. »Ich möchte das Leben in Bochum nicht missen. Wir haben hier nette Nachbarn und fühlen uns wohl. In der Beziehung bin ich einfach ein bisschen bodenständig«, meint Sendt. So hat sich die Familie auch gegen einen Hauskauf in der Heimatstadt seiner Frau, Recklinghausen, entschieden.

Wieder daheim schenkt er sich und seinem Gegenüber eine Tasse Kaffee ein, blickt nachdenklich in die mit Milch verdünnte Flüssigkeit und stellt die Tasse mit einem Lächeln auf dem weiß-blauen Untersetzer ab. »Jetzt hab ich Ihnen doch mehr erzählt, als ich je gedacht hätte«, bricht es aus ihm heraus, und das Notizbuch seines Gesprächspartners klappt endgültig zu.

PINGUIN-BALZ
UM EIN WG-ZIMMER

TIMO RIEG ÜBER FRANK GOOSEN

Alfredissimo: »Ich kenn die Nummer vom China-Service, das gelingt immer. In der Küche tauge ich nur für Handlangerarbeiten à la Nudelabgießen. Daher: Kein Programm für mich.«

Boulevard Bio: »Da ist Alfred okay, manchmal richtig gut. Gepflegte Gespräche am Ende des Tages - was will man mehr.«

Akte X: »Die guten Folgen haben zum Teil Kinoformat. Das Außerirdische interessiert mich weniger, ich steh mehr auf den Horror - manche Episoden sind richtig spannend.«

Arabellu, Britt, Bärbel und andere: »Diese 'Talkshows' sind körperlich nicht zu ertragen. Sie sind auch nicht zu persiflieren, sie taugen für gar nichts. Nicht mal beim Bügeln kann man sich das antun. Dann schaue ich lieber Raufasertapete.«

Oliver Geißens 80er Jahre Show: »Mit dem Thema bin ich durch.«

Barbara Salesch: »Die Dame ist unglaublich affektiert. Sie und Alexander Hold sind eine eindringliche Warnung, rote

Ampeln ernst zu nehmen. Bloß niemals vor solchen Richtern stehen müssen.«

Simpsons: »Sicherlich sind das interessante Figuren, aber ich stehe nicht auf Zeichentrick. Vielleicht, weil ich kein Kind mehr sein will. Klar sagen mir Freunde: 'Da entgeht dir was.' Ist dann halt so.«

MacGyver: »Für den Quatsch war ich wohl mit 15 schon zu alt.«

GZSZ: »Das ist dümmlicher Scheiß in der Qualität von Hobby-Video-Filmern. Völlig unsehbar. Und ein Paradebeispiel dafür, dass in Deutschland jeder Blödsinn nur lange genug gesendet werden muss, um dann Kult zu sein.«

Wer wird Millionär: »Das macht Jauch unbenommen gut. Es geht ja nicht so sehr ums Wissen an sich, sondern um den Wettbewerb. Darum schau ich das am liebsten mit meiner Schwiegermutter. Zusammen wissen wir alles - fast.«

Harald-Schmidt-Show: »Schmidt ist der einzige, der halbwegs amerikanisches Niveau erreicht - seitdem sich Raab um die 15- bis 22-jährigen kümmert und Harald Schmidt sein Bildungsbürger-Treff-TV machen kann - und den Bildungsbürger dabei auch noch persifliert.«

Beim Bügeln schaut Frank Goosen immer fern. Aber soviel Wäsche fällt auch im Drei-Personen-Haushalt nicht an, als dass ein echter Fernseh-Junkie damit über die Runden käme. Wer würde auch nachts, nach einem fordernden Kabarett-Auftritt, noch bügeln, nur um entspannen zu können. Weil Private wie Öffentlich-Rechtliche aber doch jede Menge Quark senden, hat uns der liebe Gott bereits 1956 den Videorecorder gegeben, was sich bis zu

manch einem Zappel-Zapper allerdings noch nicht rumge-
sprochen hat. Frank Goosen freilich ist Profi in der
Fernseh-Konsumtion - nach eigenen Auftritten sind die
Millionärs-Anwärter genau richtig.

Die Öffentlichkeit zu unterhalten war schon früh
Goosen-Programm. »1969 erster Auftritt im Speisesaal
eines Hotels in Bad Godesberg. Der Dreijährige singt minutenlang aktuelle Hits und Kinderlieder und geht dann an
den Tischen vorbei, um Geld einzusammeln.« So schreibt
Goosen in einer Kurzbiografie. An ersten unterhaltsamen
Sprechversuchen, die auf Kassette gebannt worden waren,
dürfen sich heute Hörer von Tresenlesen-CDs erfreuen.

»Eigentlich wollte ich promovieren, als Dozent arbeiten
und nebenher Romane schreiben«, sagt Goosen, der an der
Ruhr-Uni Geschichte studiert hat. Doch zum Warmlaufen
vor dem Roman-Debüt eröffnete sich ein anderer Weg: Im
April '92 traf er im Puvogel, einer kleinen Kneipe in der
Brückstraße (dort heute: O'Neill), auf Jochen Malms-
heimer, der am Tresen saß, aus Romanen und Novellen
vorlas und dazwischen locker vor dem kleinen Publikum
moderierte. Die Idee zu dieser Veranstaltung stammte vom
Wirt selbst, für den Stammgast Malmsheimer gelegentlich
in Zapfhahnnähe rezitierte, was er gerade gelesen hatte.
Goosen und Malmsheimer kannten sich bereits vom
Gymnasium am Ostring, und so gingen sie die nächsten
Tresenlesen-Abende gemeinsam an.

Das neue Kleinkunst-Duo fand schnell wichtige Fans.
Bereits beim ersten »Bochum Total«-Festival stand
Tresenlesen auf der Bühne, wonach ein Agent von DA
CAPO die beiden ansprach und unter Vertrag nahm. »Ab
Januar 94 haben wir Tresenlesen dann zum Beruf
gemacht.«

So zogen die scharfzüngigen Literaturfreunde durch
Kneipen, Cafes und Kulturhäuser. Die Bühnen wurden
größer. Außerhalb des Reviers war Tresenlesen vor allem

im süddeutschen Raum aktiv - »dort gibt es noch eine ordentliche Kulturförderung« - traten aber auch im deutschsprachigen Ausland auf. »Zum Schluss waren es etwa 180 Auftritte im Jahr, davon 120 mit Übernachtung - da wurde auch lockeres Literatur-Kabarett anstrengend«, sagt Goosen. Die Entwicklung der Programme selbst war dagegen keine große Mühe:

»Am Abend vor einem Auftritt haben wir kurz abgesprochen, welche Texte wir lesen, die Parts dazwischen waren spontan - Themen gibt es da wirklich genug.« Und diese Parts wurden immer länger, zu Fremdtexten von Robert Gernhardt, Flann O'Brien und vielen anderen kamen zunehmend Episoden aus eigener Feder.

Und das musste fluppen. Wenn große Schriftsteller von der Qual ihrer Arbeit berichten, fehlt Goosen das Verständnis: »Wer sich beim Schreiben quält, sollte es einfach lassen.« Zurecht wurden Malmsheimer und Goosen als Wort-Tornados im Revier gefeiert. Da textete Goosen in einer Episode über das Trivial-Pursuit-Spiel um ein freies WG-Zimmer:

»Aber nach einem beinahe handgreiflichen Gerangel mit meinem Vermieter, in welchem es unter anderem um die mangelnde Bereitschaft zur regelmäßigen Säuberung des Hausflures gegangen war, drohte ich Ende des Monats auf der Straße zu sitzen, und so ließ ich mich widerwillig auf den Wahnsinn ein. [...] Mone, in deren Besitz mein armseliger blutpumpender Muskel seinerzeit übergegangen war, und Silvia, die wo verbandelt war mit Eduard, dem Enervierenden, und der wie erwähnt ebenfalls ein Auge auf das Tipi geworfen hatte, - Mone und Silvia also richteten alles her und wollten als Fragestellerinnen, also als Sekundantinnen fungieren.«

Sex und Crime will das Publikum, und so sinniert Goosens prosaisches Ich zur Master-Frage nach dem Fortpflanzungsintervall bei Pinguinen:

»Ich stellte mir Pinguine vor. Ein Männchen und ein Weibchen auf einem blendend weißen Untergrund. Wie balzen eigentlich Pinguine? Tanzen sie? Rufen sie, machen merkwürdige Geräusche? Recken dem Partner den Unterleib entgegen? Wie

sieht ein Pinguin-Pimmel aus? Und was sagt das Pinguin-Männchen, wenn es Sex machen will?«
(Aus Tresenlesen: »Das Auge liest mit«)

Nach acht Jahren und 940 Auftritten verabschiedete sich Tresenlesen am 24. Juli 2000 in der Wattenscheider Freilichtbühne vom Publikum. »Wir sind zu einem Zeitpunkt gegangen, da uns das Publikum vermisst - das ist gut so.« Beide wollten sich eigenen Projekten widmen - »und nur ein bisschen Tresenlesen geht eben nicht - ganz oder gar nicht.«

Mit seinem ersten Solo-Programm »Always kill your darlings oder Alles nur Spaß?« entwickelt Frank Goosen das Tresenlesen-Konzept weiter - und hat die Kritik weiterhin auf seiner Seite. »Es ist natürlich schöner, in einer Stadt wie Bochum zu den Großen zu gehören, als in Berlin im Mittelfeld unterzugehen.« Wir vernehmen leichtes Stimmzwinkern. Mit seinem zweite Soloprogramm »indiskret« ist Goosen gerade erfolgreich unterwegs.

Wie jeder Komiker und im Gegensatz zum Bierzelt-Kasper à la Fips Asmussen beherrscht es Frank Goosen, Kleinigkeiten und Alltäglichkeiten bis ins surreale zu steigern. Nicht was der Komiker macht oder sagt, sondern wie er es tut, ist entscheidend. »Michael Mittermeier muss nur Werbung wörtlich zitieren - in seiner eigenen Art eben - und die Leute brüllen vor lachen.« Gert Fröbe (1913-1988), der nicht nur in Filmen (Dr. Mabuse, Goldfinger) sondern auch auf der Schauspiel- und Kabarett-Bühne glänzte, formulierte dazu einmal: »*Wenn man auf die Bühne kommt, müssen die Leute sagen - Ah da kommt jemand! - Dazu muss aber in einem etwas gewachsen sein. Und dazu trägt alles bei: die Liebe, die Trauer, der Schmerz, die Hoffnung und auch das Unglücklichsein.*«

Goosen ist da mit seinen 36 Jahren schon dicht dran. Von der Liebe kann er in vielen Facetten erzählen und tut dies ausgiebig, für die Hoffnung wurde vor einem Jahr der

»Nachwuchs ausgeliefert«, wie er sagt, und zu den schwermütigeren Seiten des Lebens hat der bekennend Sentimentale ohnehin eine Affinität.

Der Hang zum Sentimentalen ist es sicherlich auch, der Frank Goosen in Bochum hält - wenn wir mal seine Begründung, er habe den Absprung nur nicht rechtzeitig geschafft und Angst davor, sich in seinem fortgeschrittenen Alter auf etwas Neues einzulassen, als kleine kabarettistische Spitze gegen die »Stadt des Mittelmaßes« (Goosen) interpretieren. »Das Ruhrtal ist doch wunderschön, und hier in Bochum kenne ich jeden Winkel, verbinde Erinnerungen mit jeder Ecke.« Sagt einer, der als Kind viel häufiger im Rathaus war als jeder behördengeplagte Erwachsene.

Denn in diesem 1931 fertig gestellten Verwaltungsbau des Darmstädter Architekten Professor Karl Roth waren von den 35.000 Quadratmetern einige auch nach Dienstschluss für Bedienstete vorgesehen. Bis 1985 hatten Goosens Großeltern im vierten Stock des Rathauses ihre Wohnung - für Frank vor allem ein Hort recht unreglementierten Fernsehkonsums, aber auch anderer Privilegien: »Die langen Rathausflure waren hervorragend zum Skateboard fahren geeignet.« Einen Brand im Rathaus überstanden Großeltern und Enkel unbeschadet - sie mussten sogar von der Feuerwehr über den Vorfall informiert werden. Die zu Asche zerfallenen Akten machten den Bochumer Bürgern seinerzeit wenig Sorgen - die Flammen hatten ausgerechnet in der Bußgeldstelle gelodert.

Mit der Veröffentlichung seines ersten Romans »Liegen lernen« Anfang 2001 wurde es zeitweise richtig hektisch bei Goosen. Er hatte mehrere Bühnenprogramme laufen, hinzu kamen die Lesungen. »Es gab ein Leben vor der Spiegel-Rezension und eines danach.« Der lobende Text, in dem Goosen an Nick Hornby (»High Fidelity«) herangerückt wird, stammt von Thomas Brussig (»Sonnenallee«).

Und der Spiegel besitzt Richtlinienkompetenz. Bis zur Ostseezeitung zogen die Rezensenten nach. »Goosen erzählt fesselnd, mitreißend, klar, beobachtet präzise und versteht eine Menge davon, wie man Lust erzeugt. Er muss seinen Helden nicht ans andere Ende der Welt schleppen, um ihn einer Exotik auszusetzen.« Schreibt Brussig. Und Goosen sagt: »Der Hobby-Leser will sich in einem Buch wiederfinden.« Und so können wir uns auf drei Seiten beim Gitarre Lernen wiederfinden, unter anderem so:

> »Mein Gitarrenlehrer heißt 'Stoney', und damals war ich zu blöd, seinen Spitznamen mit seiner äußeren Erscheinung und seinem geistigen Zustand zusammenzubringen. Stoney fragte mich, was ich lernen wollte. Ich sagte, ich wollte Liedermacher werden und Lieder gegen das Böse in der Welt machen, also gegen Nazis und Amerikaner und sauren Regen und Waldsterben. Stoney meinte, ich sei auf dem richtigen Weg. Dann fing der Unterricht an.«

Es folgt die Erklärung der Gitarrensaiten - von einer Peter Bursch Schallplatte. Peter Bursch! Auch wer keine Platte von ihm hatte, sondern nur eines der A4-Hefte fürs Selbststudium, hat den Zottel nach all den Jahren sofort wieder vor Augen. Im Roman heißt es:

> »Dann sagte Peter, wir wollten nun gemeinsam unsere Klampfe stimmen. Wieder spielte er jede Saite einzeln an. Die entsprechende Saite an meiner Gitarre musste sich dann genauso anhören. Jede Saite spielte Peter ungefähr achthundertmal an. Wahrscheinlich wurden mit dieser Platte in der DDR Regimekritiker gefoltert. Ich schraubte an den Knöpfen am Kopf des Geräts herum, und für meine Ohren hörte sich alles bald sehr gut an. Stoney aber war ein strenger Lehrmeister, ein Yoda der Wandergitarre. Er schüttelte den Kopf und setzte die Nadel wieder zurück. Wieder durfte ich mir jede Saite achthundertmal anhören.«

Sieben Jahre hat Goosen an dem 300-Seiten-Werk geschrieben. »Natürlich nicht kontinuierlich, da gab es auch mal ein Dreivierteljahr Pause.« Dass er für sein Debüt keine Klinken putzen musste, verdankt er den guten

Beziehungen zwischen Roof Music, dem Label der Tresenlesen-CDs, und dem Eichborn-Verlag, der für Roof Music den Buchhandels-Vertrieb übernimmt. Eichborn war nicht nur vom Erstlingswerk begeistert, sondern auch vom weiteren Potenzial des Autors überzeugt. Goosen bekam direkt einen Vertrag für die nächsten drei Werke. »Für den zweiten Roman habe ich nur noch ein Jahr gebraucht.« Die Sorge, ob der Text je ins Licht der Öffentlichkeit kommen würde, konnte ihn auch nicht mehr hemmen. Derweil stehen weitere Erfolgsetappen bei »Liegen lernen« ins Haus: die Geschichte wird von Hendrik Handloegten verfilmt.

An eigene Filmprojekte denkt Frank Goosen aber nicht: »Ich bin ein Textmensch.« Und Ideen wie Tresenlesen fürs Fernsehen zu machen? Goosen winkt ab: »Kabarett ist im Fernsehen immer sehr eingeschränkt, kein Künstler kann sich da voll entfalten.« Schade. Also zappen wir mit Frank Goosen noch einmal weiter:

Klinikum Berlin Mitte: »Neben Chicago Hope oder Emergency Room sind solche deutschen Produktionen lächerlich, die Figuren eher peinlich, die Geschichten flach. Man sollte eben nicht alles auf den Fernsehschirm zerren.«

HAUSAUFGABEN PER SMS ZUR CHAMPIONS LEAGUE

SARAH-JANINE FLOCKE ÜBER CARMEN GELSE

Die ersten, zaghaften Strahlen der morgendlichen Frühlingssonne scheinen durch das Fenster. Um Viertel vor fünf am Montag ist die Ruhe noch perfekt. Aber kaum zwei Minuten später ertönt das schrille Klingeln eines Weckers. Carmen Gelse tastet verschlafen nach dem Ruhestörer und stellt das lästige Klingeln ab. Sie dreht sich noch einmal im Bett herum, bevor sie aufsteht. Eigentlich würde sie gerne noch eine Stunde schlafen, so wie ihre Schulkameraden. Aber das geht nicht, denn anders als andere Jugendliche der 8. Klasse des Goethe-Gymnasiums, trainiert Carmen schon vor dem Unterricht Wasserball im Universitätsschwimm bad. Seit Anfang des Jahres 2002 gehört sie zur Damen-Bundesligamannschaft des SV Blau-Weiß Bochum. Stundenplan und Trainingseinheiten lassen sich seitdem nicht mehr so leicht vereinbaren. Der Tagesablauf verlangt eine gute Organisation und viel Disziplin. »Ohne die Hilfe meiner Eltern wäre das gar nicht zu schaffen«, sagt Carmen, »die fahren mich nämlich immer zur Schule und zum Training.« Um sich anzuziehen und zum Schwimmbad zu kommen bleiben Carmen 30 Minuten. Da ist es sehr praktisch, dass Carmen nicht so viel Wert auf Make-up und extravagantes Styling legt. Die Tasche hat sie schon am Abend zuvor gepackt. Zum Frühstück bleibt jetzt keine Zeit mehr. Schnell wirft sie sich noch die blau-weiße Trainingsjacke mit dem Schriftzug ihres Vereins über und sieht jetzt sehr sportlich, gar nicht mehr verschlafen, aus. Schon sitzt sie neben ihrem Vater im Auto. »Dabei mag ich so einen stressigen Start in den Tag gar nicht«, sagt Carmen. Wenn nach dem Training in der Schule auch noch eine Klassenarbeit auf sie wartet, steht sie noch eine Stunde früher auf als sonst »Ich wiederhole dann noch schnell die schwierigsten Vokabeln oder schaue mir an, was wir zuletzt durchgenommen haben.«

Gute Leistungen in der Schule sind Carmen sehr wichtig. »Wenn ich Schule und Training nicht mehr unter einen Hut bekommen würde, müsste ich beim Wasserball eben kürzer treten.« Warum sie sich neben den Anforderungen der Schule auch noch dem Leistungsdruck beim Sport aussetzt, verstehen viele ihrer Klassenkameraden nicht so recht. »Die halten mich für verrückt, glaube ich.« Aber der Sport bringt ja auch einige Vorteile mit sich. Für die Champions League durfte Carmen, ganz offiziell, während der Schulzeit eine Woche mit nach Tschechien fahren. Die Europameisterschaft des Wasserballs wurde unter den besten nationalen Teams 100 Kilometer entfernt von Prag ausgetragen. Aber auch da musste sie lernen. »Meine beste Freundin hat mir jeden Tag die Hausaufgaben per SMS auf mein Handy geschickt.« Und während ihre Teamkolleginnen die Altstadt von Prag besichtigten, erledigte Carmen die Matheaufgaben. »Als ich nach einer Woche wieder im Unterricht saß, habe ich trotzdem nichts verstanden«, sagt sie und es scheint als sei ihr das ein wenig unangenehm.

Aber der Ausflug nach Prag hat sich gelohnt. Die Mannschaft holte den Meistertitel. Und dieses Ergebnis wurde dann auch gebührend gefeiert. »Ich war in Prag zum ersten Mal in einer Disco. Dass ich erst vierzehn bin, haben die gar nicht gemerkt«, lacht Carmen, die als Küken des Teams sonst eher wenig von den Mannschaftsfeiern mitbekommt.

Carmen steigt vor dem Schwimmbad im Uni-Center aus. 20 Minuten dauert die Fahrt bis hierher. Rein in die Umkleidekabine, raus aus Turnschuhen, Jeans und Pullover, rein in den Sportbadeanzug und die Badekappe. Die Handgriffe sitzen bei Carmen. Nur die Badekappe macht regelmäßig Schwierigkeiten. Bis sie ihre schulterlangen, braunen Haare vollständig unter der Badekappe verstaut hat, dauert es immer etwas länger. Denn die Kappe muss eng am Kopf anliegen, nur so können die Ohrenschützer effektiv wirken. Sie sollen vor Verletzungen schützen. Bei Wettkämpfen haben die Kappen eine zusätzliche Funktion. Die Gastgeber tragen weiße, die Gegner blaue Kappen. So kann der Schiedsrichter die Mannschaften unterscheiden. Um auch Fehler einzelner Spieler bewerten zu können, ist auf jeder Kappe eine Zahl zwischen 1 und 13 angebracht.

Wenige Minuten später ist Carmen in der großen Schwimmhalle. Die morgendliche Sonne scheint durch die Glasfront und wirft kleine glitzernde Flecken auf die noch unberührte Wasserfläche. Der Geruch von frisch gechlortem Wasser liegt in der Luft. Noch schwimmt hier niemand. Aber die Mannschaft ist bereits vollzählig. Das Morgentraining gehört zum Pflichtprogramm der Mitglieder der Nationalmannschaft. Denn für diese Trainingseinheit werden die Sportlerinnen vom Deutschen Schwimmverband bezahlt. Zwar ist das nicht viel mehr als eine Aufwandsentschädigung, aber: acht Mal pro Woche müssen sie für den Kader antreten. Eine Trainingseinheit am Abend hat Carmen hingegen schon einmal ausfallen lassen. »Ich habe am nächsten morgen eine Klassenarbeit geschrieben und wollte nicht so spät ins Bett«, sagt sie entschuldigend. Das Morgentraining beginnt mit Trockenübungen. Die Frauen halten mit beiden Händen Trimmbänder, die sie in regelmäßigen Bewegungen auseinander ziehen. Das ist gutes Aufwärmprogramm für die Arme. Danach stehen noch Dehnübungen und Koordinationstraining auf dem Programm. Erst dann schickt Trainer Arno Troost seine Mannschaft ins Wasser.

Mit gleichmäßigen, schnellen Zügen pflügen die Frauen durchs Becken. Arno Troost achtet auf die Defizite jeder einzelnen Spielerin. Carmen hat noch Probleme mit der Koordination der Beinbewegungen. »Ich habe 'ne ganz schreckliche Beingrätsche«, erklärt sie. Sie zieht das linke Bein zu spät nach, wodurch sich das Schwimmtempo verringert.

Die Geschwindigkeit der Spielerinnen ist bei einem Spiel aber von Anfang an entscheidend. Denn wenn der Schiedsrichter kurz nach dem Anpfiff den Ball in die Mitte des Spielfeldes wirft, sind die gegnerischen Mannschaften jeweils an einem Ende des Beckens positioniert. Die Mannschaft, die schneller am Ball ist, hat sich natürlich einen ersten Vorteil gesichert.

Bei einer Spielzeit von insgesamt nur 28 Minuten kann jede Überlegenheit ausschlaggebend sein. Um die Kurzstreckenzeiten der Spielerinnen zu verbessern, lässt Arno Troost zum Schluss der Trainingseinheit noch zwanzig kurze Sprints schwimmen. Danach sind alle Spielerinnen erschöpft. Einige Teamkolleginnen fahren nach dem Training gleich zur Arbeit, Carmen wird von ihrer Mutter abgeholt. Aber die fährt sie nicht direkt zur Schule, sondern noch einmal nach Hause.

Endlich kann Carmen frühstücken. Hastig löffelt sie ihre Cornflakes mit Milch. Ein Blick auf die Uhr sagt ihr, dass es Zeit ist, die Schwimmtasche gegen Schul- und Sporttasche einzutauschen und sich auf den Weg zu machen. Als die Schulglocke des Goethe-Gymnasiums zum zweiten Mal klingelt, trifft Carmen im Klassenraum ein und setzt sich auf ihren Platz.

Eine Stunde Französisch steht jetzt auf dem Stundenplan. Die Klasse dekliniert die Verben regarder- lesen und appeler - nennen. Carmen lernt Französisch als zweite

Fremdsprache seit der siebten Klasse und ist nicht gerade begeistert. »Ich finde es sehr schwer, die unregelmäßigen Verben zu lernen.« Englisch mag sie lieber.

Aber ihre mit Abstand liebsten Fächer sind Sport und Geschichte. »Die Vergangenheit fasziniert mich«, erklärt Carmen ihre Begeisterung. Deshalb hat sie sich auch für das Differenzierungsfach Geschichte und Gesellschaftswissenschaften entschieden. In ihrer Freizeit liest sie gerne historische Romane. »Zuletzt habe ich 'Nirgendwo in Afrika' von Stefanie Zweig gelesen. Die Geschichte gefiel mir besonders gut, weil die Autorin sie wirklich erlebt hat.« Diese Geschichtsstunde dreht sich aber nicht um Afrika sondern um das Mittelalter in Europa. »Die Epoche ist mir egal. Jede Zeit ist für sich spannend. Vielleicht studiere ich später mal Geschichte, ich könnte mir aber auch vorstellen in der Firma meines Vaters zu arbeiten«, überlegt Carmen. Leider hat der Girl´s Day am 8. April auch nicht zu einer Entscheidung geführt. Der Girl´s Day ist eine bundesweite Aktion, die Schülerinnen die Gelegenheit geben soll, in so genannte Männerberufe hinein zu schnuppern. Carmen hat diesen Tag im Betrieb ihres Vaters, der Umzugs- und Speditions- GmbH Gelse, verbracht. »Ich habe einer Frau über die Schulter geschaut, die die Touren plant. Das war spannend.« Aber ob sie diesen Beruf später auch ausüben möchte, weiß sie noch nicht. »Der Job besteht auch aus vielen Routinearbeiten.« Sie hat ja auch noch ein paar Jahre Zeit, bis sie sich entscheiden muss. »Im Moment habe ich immer noch jeden zweiten Tag einen neuen Berufswunsch.« Den Wasserball zum Hauptberuf zu machen, kommt nicht in Frage, denn Leben kann man davon nicht. »Wasserball ist nicht so beliebt. Selbst in Bochum nicht, obwohl wir doch deutscher Meister sind«, bedauert Carmen das geringe Interesse an ihrem Sport. Fremde Zuschauer sind bei den Spielen selten. Meistens schauen nur Freunde und Verwandte zu. Um so erfreuter war die Mannschaft, als neulich ein älteres Paar auf den Zuschauertribünen Platz nahm. Die Leute wollten sich über die unterschiedlichen Sportmöglichkeiten in Bochum informieren. Falls die beiden Interesse an Wassersport haben, waren sie beim SV Blau - Weiß Bochum, mit 6000 Mitgliedern der größte Schwimmverein Deutschlands, genau richtig. Seit seiner Gründung 1896 bietet der Verein Schwimmen und Wasserball an. Damals war die Sportart noch jung. Die ersten Regeln wurden zehn Jahre zuvor in England aufgestellt und sind seitdem nicht mehr viel verändert worden.

Jede Mannschaft besteht aus sieben Spielern. Ebenso viele sitzen gewöhnlich zu Beginn des Spiels auf der Bank. Die Spielzeit von 28 Minuten wird von drei 2-minütigen Pausen unterbrochen. So wird auch seit 1900 bei den Olympischen Spielen Wasserball, oder englisch Waterpolo, gespielt. »Bei der Olympiade anzutreten, wäre klasse. Das ist ein Wunsch, den ich mir gerne erfüllen würde.« Bis dahin müsste Carmen aber noch viel trainieren.

Jetzt klingelt es erst mal zur großen Pause, danach steht Sport auf dem Stundenplan. Die Schüler strömen aus den Klassen auf den Schulhof. Eigentlich würde sich Carmen auf die Sportstunde freuen, aber in den letzten Wochen waren Geräteturnen und Hochsprung die Hauptthemen im Unterricht. »Ich kann Geräteturnen wirklich nicht leiden. Die Übungen auf dem Barren und am Reck sind mir zu gefährlich«, erklärt sie ihre Unlust. »Hochsprung finde ich nicht ganz so schrecklich, aber ich kann es nicht besonders gut.« Da nützt es auch nichts, dass Carmen so groß ist. »Es kommt auf die Sprungkraft an. Wir haben ein Mädchen in der Klasse, das wirklich klein ist, aber sogar höher springt als alle Jungen.« Carmen hingegen ist mit sich zufrieden wenn sie einen Sprung schafft, ohne die Latte zu reißen. Schließlich geht die lästige Sportstunde auch vorüber. Das Läuten der Schulglocke, in der Sporthalle noch schriller, entlässt die Schüler in die Umkleidekabine.

Vor der Sportstunde war Carmen in einem Konzentrationstief, das die Bewegung glücklicherweise vertrieben hat. »Wenn ich morgens beim Training war, habe ich immer am Mittag einen kurzen Durchhänger«, sagt Carmen. Die Englischstunde lässt sich aber gut aushalten. Die Unterrichtsatmosphäre ist locker und die Schüler üben die meiste Zeit über freie Konversation. So vergeht die Stunde für Carmen wie im Flug.

Um 13.00 Uhr schellt es. »Bis jetzt habe ich noch nie länger als bis 13.00 Uhr Schule gehabt, so dass ich noch viel vom Nachmittag habe«, freut sich Carmen. Spätestens in der Oberstufe wird das aber anders werden. Sabrina Blattau, Carmens Teamkollegin hatte während der Trainingsphase für die Champions League oft bis zum späten Nachmittag Schule und steckte mitten in den Abiturvorbereitungen. »Die Sabrina hat in Tschechien auch die ganze Zeit gelernt.«

Aber die Beurlaubung für das Spiel war kein Problem. Die Goethe-Schule zeigt viel Verständnis für die sportbedingten Fehlzeiten von Carmen. »Wenn ich ein paar Tage nicht da war, und ich nicht weiter weiß, helfen meine Lehrer mir immer. Freistellungen für Spiele waren auch noch nie ein Problem.«

Meistens finden die Spiele aber am Wochenende statt. Ebenso wie Seminare, die der DSV für den Wasserballkader regelmäßig durchführt.

Die Themen, die dort besprochen werden, reichen von Spielstrategien bis zur Gesundheitsberatung - und Training. Auf einem dieser Seminare wurden die Sportlerinnen von einer Ernährungsexpertin beraten. »Aber uns schaut niemand auf den Mund oder verbietet uns bestimmte Nahrungsmittel.« Die Ernährungsberaterin wollte die Mannschaft vielmehr allgemein auf die Vor- und Nachteile gewisser Nahrungsmittel hinweisen und für eine gesunde Ernährung sensibilisieren. »Ich glaube, niemand aus dem Team würde sich übermäßig mit Schokolade voll stopfen«, sagt Carmen. Dabei könnte sie es sich leisten. Wegen des intensiven Sporttrainings ist Carmen natürlich superschlank. »Aber bei genau diesem Seminar, stand am letzten Abend Mousse-au-Chocolat auf dem Buffet, und wir haben dann alle kräftig zugelangt.«

Zulangen könnte Carmen jetzt auch. Sie hat nämlich einen Bärenhunger und auf dem Heimweg kommt sie bei der Mc Donald-Filiale im Hauptbahnhof vorbei. Aber nur, wenn die Zeit am Nachmittag knapp ist, und ihre Mutter keine Zeit hatte selbst zu kochen, greift Carmen auf Hamburger und Pommes zurück.

Das kommt selten vor. Auch heute zieht bereits ein verlockender Geruch aus der Küche, als Carmen zu Hause ankommt. Jetzt beginnt der Teil des Tages, an dem sie normalerweise Zeit für sich hat. Einmal in der Woche geht sie vorsorglich zur Krankengymnastik. »Ich will mir nicht durch den Sport meinen Körper kaputt machen«, begründet sie den Aufwand. Der Physiotherapeut lockert und kräftigt die Rückenmuskulatur, die durch die Wurfbewegungen stark beansprucht wird. Am schönsten findet Carmen die Massagen. An den verbleibenden vier Tagen setzt sie sich gleich nach dem Mittagessen an die Hausaufgaben. »Sonst schiebe ich die den Rest des Tages vor mir her und kann nicht richtig entspannen.« Um abzuschalten, macht Carmen gerne den Fernseher an. Vielleicht schaut sie ein bisschen zu viel fern. Denn im Plan für den Nachmittag ist eine ein- bis mehrstündige TV-Session fest verankert. Disneyfilme, egal ob Trick- oder Spielfilme, sind Carmens Favoriten. Eine ganze Schrankfront im Wohnzimmer ist mit Disneyvideos, von »Dumbo« über »Bambi« bis zum »König der Löwen«, bepackt. Am Abend schaut sich Carmen zusammen mit ihren Eltern aber auch gerne Krimis an. Die mag vor allem ihre Mutter. Natürlich verbringt Carmen ihre Freizeit nicht nur vor der »Flimmerkiste«. »Wenn das Wetter gut ist, bummele ich gerne mit meiner Freundin durch die Bochumer City.« Dabei steht für Carmen nicht das Kaufen im Vordergrund.

»Ich könnte mir die Schaufenster auf der Kortumstraße stundenlang einfach nur anschauen.«

Verregnete Nachmittage verbringt Carmen gerne mit einem guten Buch zu Hause oder mit ihrer besten Freundin, die die gleiche Klasse besucht wie sie. Eine große Clique hat sie nicht. »Mir liegt nichts an vielen oberflächlichen Bekanntschaften. Eine gute Freundin, der man alles erzählen kann ist mehr Wert.« Das heißt aber nicht, dass sie sich mit ihren anderen Klassenkameraden nicht gut versteht. Auf Streit hat Carmen ohnehin keine Lust, dafür ist sie viel zu diplomatisch. »Aber eingebildete oder unfaire Leute kann ich nicht leiden.« Denen sagt sie dann auch mal ihre Meinung, aber »ohne zu beleidigen«.

Der Nachmittag ist kurz. Um 18.00 Uhr beginnt die nächste Trainingseinheit. Bevor sie los fährt, muss Carmen noch ihren Schwimmbeutel umpacken und die Schultasche für den nächsten Tag ordnen. Nach dem Training wird sie dazu keine Lust mehr haben.

Schon jetzt kriecht langsam die Müdigkeit in ihre Glieder. Dafür mag das Fernsehen verantwortlich sein. Ein Sprung ins kalte Wasser wird die aufkeimende Schläfrigkeit sofort vertreiben. Am Abend fährt ihr Vater sie wieder zum Schwimmbad am Hustadtring 157. Gleich vor dem Schwimmbad hält zwar auch der 346er Bus, aber vor allem im Winter ist es rund um das Schwimmbad am Abend ziemlich einsam. Die Eltern wechseln sich deshalb mit dem Fahren ab. Beide unterstützen Carmen in ihrem sportlichen Engagement. Schließlich ist der Wasserball so etwas wie eine Familientradition. Rolf Gelse, Carmens Opa, spielt beim SV Blau-Weiß Bochum und fährt auch als Betreuer mit zu den Spielen. Er hat sie damals für den Sport begeistert, hat sie irgendwann einfach zum Training mitgenommen. »Ich hatte zwar am nächsten Tag wahnsinnigen Muskelkater, aber es hat mir von Anfang an Spaß gemacht«, sagt Carmen. Sonst wäre sie wohl nicht seit acht Jahren dabei.

Carmen steigt, wie schon am Morgen, vor dem Universitätsbad aus. Aber heute zum letzten Mal für einige Monate. Trainer Arno Troost, hat am Morgen bekannt gegeben, dass ab nächster Woche im vereinseigenen Freibad im Wiesental trainiert wird. Das Freibad mit zwei großzügigen Schwimmbecken, Liegewiesen und Sauna ist auch für die Öffentlichkeit zugänglich und im Sommer Anziehungspunkt für Bochumer Sonnenanbeter. Die Mannschaft ist allerdings nicht so begeistert von der Entscheidung des Trainers. Die Miete für das Universitätsbad ist hoch und die Hallenzeiten müssen genau eingehalten werden. Darum ist jede Minute kostbar. »Im Sommer ist das Training im Freibad aber auch viel lustiger«, muntert Carmen sich selber auf.

»Aufwärmen, 20 Bahnen Kraul«, ruft Arno Troost durch die Halle.

Die spezielle Kraultechnik, mit besonders kurzen, kräftigen Zügen, muss immer wieder geübt und verbessert werden. Nie sitzt sie perfekt. »Als ich mit dem Wasserball angefangen habe, wollte ich unbedingt schnell besser werden«, sagt Carmen. »Ich habe mir dann immer jemanden aus der Mannschaft gesucht, der etwas schneller war als ich. Bei dem habe ich mir so lange die Technik abgeguckt, bis ich besser war.« Das klingt sehr ehrgeizig. Aber die Konkurrenz innerhalb der Mannschaft ist trotzdem nicht zu spüren. »Bei uns steht der Teamgeist auf jeden Fall im Vordergrund.« Wenn eine der Frauen sich vor einem Spiel nicht in Topform glaubt, wird sie von den anderen mitgerissen. Während der letzten Strategiebesprechung vor einem Spiel verbreitet Arno Troost Zuversicht. Spätestens aber das Begrüßungsritual für die gegnerische Mannschaft motiviert zu vollem Einsatz. Dazu stellt sich die Mannschaft im Kreis auf, rückt eng zusammen und wartet auf den Ruf ihrer Teamchefin. »Wir grüßen die gegnerische Mannschaft, die Trainer, Schiedsrichter und Zuschauer mit einem dreifachen« schallt ihr kräftiger Ruf durch die Halle. Kaum ist er verebbt, antwortet die Mannschaft ebenso siegessicher: »Gut nass, gut nass, gut nass«. Schließlich soll der Ruf den Gegner einschüchtern.

»Carmen«, ruft Arno Troost »achte auf deine Beinarbeit, du ziehst immer noch das linke Bein nach.« Troost ist Trainer aus Leidenschaft. Und weil das fast alle Trainer sind, setzen Schiedsrichter die gelben und roten Karten nicht nur gegen die Spieler ein, sondern oft auch gegen die Trainer und notfalls auch gegen die Betreuer. Eine gelbe Karte bedeutet, dass sich der Trainer auf die Bank setzen muss. Wenn er sich danach noch einmal zu Zwischenrufen oder Beleidigungen hinreißen lässt, wird er mit der roten Karte aus der Halle verbannt.

Natürlich gibt es auch Maßnahmen gegen unfaire Spieler. Wenn ein Spieler gefoult hat, wird er entweder durch Freiwurf für die Gegner bestraft oder auf die Bank gesetzt. Fouls werden von den Spielern durchaus provoziert, denn für einen Freiwurf lässt man sich gerne unter Wasser drücken. »Alles, was der Schiedsrichter nicht sieht, ist erlaubt«, erklärt Carmen mit einem Augenzwinkern. »Ein wenig schauspielerisches Talent gehört auch dazu.«

Ebenso wie perfekte Täuschungsmanöver.Und die will Arno Troost jetzt mit der Mannschaft üben. Denn ein Wurf mit vorhergehender Täuschung erfordert genaueste Konzentration, Schnelligkeit und Kraft. Nur für einen Moment darf der Arm zurückgezogen werden, um dann erneut auszuholen und zu werfen. Dabei muss die Spielerin auch noch Augenkontakt mit potentiellen Fängern halten. Beim Wasserball wird nur mit einer Hand gefangen. Diese Regel erfordert genaue Pässe. Die 35-Sekunden-Regel besagt, dass der Ball nur 35 Sekunden bei den Spielerinnen einer Mannschaft bleiben darf. Erst nach einem Angriff beginnt die Frist von neuem. »Aber 35 Sekunden können lang sein, wenn sich die Augen aller auf dich richten. Das sind unglaublich spannungsreiche Momente.« Aber Carmen steht nicht gerne im Mittelpunkt, darum spielt sie lieber in der Verteidigung.

Heute ist Arno Troost zufrieden. Auch Carmen glaubt, dass das Spiel am Wochenende ein Erfolg für die Mannschaft wird. Im Augenblick denkt sie darüber aber noch nicht nach. Es ist mittlerweile 22.00 Uhr. Erschöpft und hungrig hüllt sie sich in ihr großes Badehandtuch und zieht sich schnell an. Noch auf dem Weg durch die Vorhalle des Schwimmbades streift sie die blau- weiße Trainingsjacke über. Ihre Muter wartet schon vor dem Eingang auf Carmen. Sie hat das Abendbrot dabei, so dass Carmen während der Autofahrt essen, und zu Hause sofort in ihr Bett schlüpfen kann. »Nach solchen Tagen bin ich einfach nur total müde. Dann gibt es nichts Schöneres als mein weiches Bett«, sagt Carmen und hat die Augen schon beinahe geschlossen.

EIN KÖNIG DER
BOCHUMER FELDER

TOBIAS HAUCKE ÜBER DIETER MAIWEG

Unseren Hof gibt es mindestens seit 1266. Der »Niederschultenhof« wurde damals zum ersten Mal urkundlich in Langendreer erwähnt. Ab der Zeit nach dem Dreißigjährigen Krieg ist die Geschichte des Niederschultenhofes dann komplett dokumentiert. Als mein Vater 1946 aus dem Krieg heimkehrte, übernahm er den Hof von seinem Onkel. Vater war auch ein direkter Nachfahr der Niederschulten, trug aber inzwischen den Namen Maiweg. Zuvor hatten meine Mutter, meine drei Schwestern und ich auf dem Hof meiner Mutter in Soest gelebt. Jetzt zogen wir in das Bauernhaus, das hier schon seit 1880 steht. Später, als ich den Hof übernommen hatte, trug mein Vater dann alle vorhandenen Dokumente des Hofes zusammen und schrieb die Geschichte unserer Familie in dem Buch »Der Niederschultenhof« nieder.

Je näher ich kam, desto stattlicher erschien mir der Hof. Vom Hauptwege erblickte ich durch den großen herbstlich entblätterten Park das prächtige Herrenhaus. Es war ein schloßartiges Gebäude, dessen Seitenflügel den Mittelbau um

111

die Höhe eines Stockwerkes überragten. Eine
breite Steintreppe führte zu dem Parterre hinauf, vor dem sich nach beiden Seiten eine mit
wildem Wein und Gaisblatt bewachsene Veranda
hinzog. Der Vorgarten war wohlgepflegt, mit
hübschen Rasenflächen verziert, aus deren
Mitte eine Fülle von Herbstblumen hervorgrüß-
ten. Sinnend stand ich eine Zeitlang vor diesem parkbeschatteten Edelsitz. Doch die kühle
Erhabenheit, die von dem Herrenhause aus-
strahlte, wirkte niederdrückend auf mich.

Als wir auf den Hof kamen, war ich anderthalb Jahre alt.
Damals lebte nicht wie heute nur die Familie Maiweg auf
dem Hof, sondern auch unsere Hilfskräfte mit ihren
Familien. Wir hatten für die Außenwirtschaft auf den
Feldern immer mindestens drei Landarbeiter. Für die Tiere
waren auch immer zwei bis drei Leute angestellt. Damals
hatten wir Kühe, Schweine, Hühner und Gänse. Und für
die Gartenarbeit waren auch ständig zwei bis drei Frauen
beschäftigt, die zuweilen auch auf dem Felde mitarbeiten
mussten. Deswegen war auf dem Hof immer etwas los. Wir
hatten damals sogar einen eigenen Milchkutscher. Der fuhr
jeden morgen durch Langendreer und brachte den
Bergleuten ihre Milch vor die Haustür. Ich kann mich noch
daran erinnern, wie ich hinter der Scheune meine erste
Pfeife geraucht habe. Ich hab mir heimlich so eine große
geschwungene Pfeife von unserem Melker genommen und
mit den anderen Jungs geraucht.

An Gesinde wurden 14 Knechte und Jungen,
sowie 6 Mägde beschäftigt. Die Tagelöhner-
frauen mußten zum Teil auch Mägdearbeiten ver-
richten, da »Deerns« in der eigentlich erfor-
derlichen Zahl nur schwer nach dem Gut hin-
zubekommen waren. Unsere sechs Deerns hatte
der Verwalter nur durch das Zugeständnis eines
sehr viel höheren Lohns für das Gut gewonnen.
Sie erhielten einen Jahreslohn von 160-225

Mark; das waren zum Teil Summen, wie sie mancher Knecht nicht erhielt; denn deren Löhne
bewegten sich ja nach Alter und Leistungs-
fähigkeit zwischen 130 und 240 Mark.

Nach dem Krieg haben wir hier in Bochum verstärkt
Kartoffeln angebaut. Die Landwirtschaft hatte damals die
schwierige Aufgabe, die leeren Mägen der hungerleiden-
den deutschen Bevölkerung zu füllen. Es gab Auflagen,
bestimmtes Gemüse, wie Rote Bete, Weißkohl und eben
Kartoffeln vermehrt anzubauen. Wir machten die Kartoffeln mit dem Kartoffelroder aus dem Boden und die
Leute sammelten selbst. Jedem war ein abgesteckter Teil
des Feldes zugewiesen, den er im Sommer vorbestellt
hatte. Die Leute zahlten einen Obolus und konnten dafür
alle Kartoffeln ihres Feldstückes mitnehmen.

Alle erhielten wir nun unsere Kartof-
felreihen angewiesen; die Erwachsenen zwei,
wir Kinder je eine, wobei die Kinder rechts und
links neben den Erwachsenen verteilt wurden.
Jeder hatte nun seinen Korb oder eine Kiepe vor
sich und durchwühlte fleißig die von der
Pflugschar umgelegten Stauden, um die Knollen
aufzulesen. Die Knie schmerzten etwas und die
Hände wurden rissig, wenn man den ganzen Tag
auf dem Acker umherkroch und die Knollen aus
dem Boden scharrte. Um halb sieben Uhr war
Feierabend, weil es dann dunkel wurde. Jede
erwachsene Person, die ein Kind als Helfer
gestellt hatte, durfte sich nun einen kleinen
Korb voll Kartoffeln mitnehmen und damit den
Heimweg antreten.

Heute leben hier in Bochum noch 42 Bauern. 14 haben
Vollerwerbsbetriebe und können alleine von der
Landwirtschaft leben. Die anderen machen die
Landwirtschaft neben ihrem Beruf oder verpachten ihr

Land zum größten Teil, weil keine Nachfolge in der Familie ist.

Den Bauern im Ruhrgebiet ging es in der Vergangenheit immer verhältnismäßig gut. Durch die vielen Menschen, die sich wegen des Bergbaus hier ansiedelten, konnten die meisten Produkte direkt vom Hof verkauft werden. Doch als später immer mehr Zechen und Wohnsiedlungen aus dem Boden schossen, wurden die großen Feldflächen der Bauern immer weiter zerstückelt. Manch einer meiner Kollegen muss heute über eine Stunde mit dem Trecker fahren, um seine entlegensten Felder zu erreichen. Das treibt die Kosten für den Ackerbau natürlich in die Höhe.

Außerdem hatten fast alle Höfe hier in den vergangenen Jahrhunderten Ackerbau und Viehhaltung. Heute hat kaum einer meiner Kollegen in Bochum noch Vieh. Die Auflagen für Viehhaltung inmitten von Wohnsiedlungen sind zu hoch. Wenn ich hier eine Schweinemast aufbauen wollte, müsste ich wegen der Abgase von den Schweinen gleich dazu riesige Schornsteine und Abgasfilter bauen.

Heute geht nur ein kleiner Teil unserer Erzeugnisse an die Menschen im Ruhrgebiet. Wir Bauern in Bochum haben uns in einer Produktgenossenschaft zusammengeschlossen. Das Getreide, das ich produziere, kommt direkt in das Silo der Genossenschaft in der Katharinastraße. Von dort wird es zusammen mit der Ernte meiner Kollegen verkauft. Etwa an eine große Mehlmühle in Recklinghausen oder an Höfe mit Viehhaltung im Münsterland, die dann damit ihre Schweine mästen.

Es war ein sogenanntes Feldgut von beträchtlicher Ausdehnung, mit einem Vorwerk. Es hatte nur etwa 60 Morgen Waldbestand, alles übrige war Acker - und Wiesenland mit einer kleinen Moorniederung, die an das Holz angrenzte. Kartoffeln wurden nur wenig angebaut, desto bedeutender war der Getreidebau und die Milchwirtschaft, verbunden mit einer beträchtlichen Rindvieh- und Schweinemast.

40 Gespanne Pferde, darunter 22 Mutter-
stuten, hierzu 160 Milchkühe nebst Jungvieh
und der entsprechenden Anzahl zwei- und drei-
jähriger Ochsen, sowie etwa 200 Schweine bil-
deten den regelmäßigen Viehbestand. Die Milch
wurde in der nach dänischem Muster eingerich-
teten Gutsmeierei verarbeitet; von der gewon-
nenen Butter kam der größte Teil nach Hamburg.
Stattliche Reihen von Ochsen oder Fehrkühen,
die, soweit sie nicht eigener Zucht entstamm-
ten, im Herbste als Magervieh angekauft waren,
standen zur Mast aufgestellt, sie wurden später je nach Mastreife auf den Fettviehmärkten
in Hamburg, Berlin oder Köln durch Makler oder
auf genossenschaftlichem Wege verkauft, ebenso die fetten Schweine.

Auf meinen 75 Hektar Feldern stehen heute Weizen,
Raps und Gerste. Die Felder sind in Parzellen aufgeteilt.
Nach einem festen Rhythmus wechselt deren Bebauung.
Im ersten Jahr wird in der Parzelle Weizen, im nächsten
Gerste und im letzten Raps angebaut. Raps ist eine
Gesundungsfrucht. Danach kenn wieder Weizen angebaut
werden, denn der braucht den besten Boden. Wenn die
Felder in dieser Reihenfolge bebaut werden, bleibt der
Boden fruchtbar.

Ein Korn wurde dort gebaut, wie man es in
Qualität und Quantität nur selten zu sehen
bekam. Dabei legte der Bauer den Hauptwert
darauf, daß die verschiedenen Fruchtarten im
Halm nicht gar zu stark wurden, damit sie sich
von der Schwere nicht umlegten, sondern glatt
mit der Maschine gemäht werden konnten. Beim
Weizen gelang dies nicht durchgehends; ein
Teil mußte ebenfalls »gehauen« werden, weil er
wegen seiner Schwere in verschiedenen Rich-
tungen - in »Küffeln« - lag, so daß von der
Maschine nur die Ähren allein abgenommen, oder

die Halme mehrfach durchgeschnitten worden wären. Um diesem Übelstande abzuhelfen und die Mähmaschine voll ausnutzen zu können, legte der Bauer jedes Jahr Versuchsfelder an, auf denen er unter sorgfältiger Auswahl des Saatkornes und sachgemäßer Mischung von natürlichem und künstlichem Dünger nun ständig ausprobierte, welche Fruchtsorten den Anforderungen am besten genügten.

Die Hauptarbeit ist die Ernte. Vom 20. Juli an werden zuerst die Gerste, der Raps und dann der Weizen gemäht. Das Mähen dauert seine Zeit. Wir brauchen circa eine Stunde pro Hektar. Trotzdem ist die Arbeit auf dem Mähdrescher heute viel angenehmer als früher. Wir sitzen heute in einer geschlossenen Kabine mit Klimaanlage auf einem luftgefederten Sitz. Die Kabine schützt uns vor dem Dreck und Staub, der durch das Mähen vom Feld aufgewirbelt wird. Früher als Luft und Felder noch wegen des Bergbaus stark kohleverschmutzt waren, mussten wir immer 'ne Menge Staub schlucken. Da wusste man, was man getan hat, wenn man sich abends ein »schwarzes Brötchen« aus der Lunge hustete.

Auf einem Hektar ernten wir etwa 80 Doppelzentner Weizen - also etwas weniger als ein Kilogramm pro Quadratmeter. Der Mähdrescher trennt Korn und Stroh automatisch und kann fünf Tonnen Korn laden. Für den Doppelzentner bekommt man 10-12 Euro. Bei 600 Euro Kosten pro Hektar von der Saat bis zur Ernte ist das nicht viel. Wir transportieren das Korn direkt vom Feld weg nach Bochum.

Schließlich mußte ich gelegentlich bei der Kornernte mit zugreifen und lernte das Garbenbinden. Dabei gab's eine schwere Plage: die Disteln. Sie spreizen sich förmlich, diese garstigen Dinger, je höher die Sonne steigt, und recht häufig zieht man die Hand schneller von der Garbe zurück, als wie man hinlangt, wenn man einmal so recht herzhaft in einen plustrigen Distelstrauch hineingreift.

Das Hauptdreschen wurde nach wie vor im Winter ausgeführt, und zwar mit dem Dreschflegel; nur hin und wieder benutzte man je nach Gutdünken des Inspektors die kleine Göpelmaschine damaligen Systems. Diese lieferte aber nicht »bodenreines« Korn, wie ich das später kennen lernte, sondern Kaff (Spreu) und Korn blieben zusammen und mußten hernach erst mittels der Staubmühle voneinander geschieden werden. Für eine Dampfmaschine hatten sich der Gutsherr und der Inspektor noch nicht erwärmen können, weil ihnen der Drusch nicht gefiel. Es gab zu viel Krummstroh dabei, auch schien ihnen das Korn nicht rein genug ausgedroschen zu werden. Beide Herren vermochten sich von der alten Methode eben auch noch nicht zu trennen. Hinzu kam, daß damals alljährlich auch ein beträchtliches Quantum von schierem Stroh zum Decken der Wirtschaftsgebäude und Tagelöhnerkaten gebraucht wurde, denn diese hatten samt und sonders noch das altehrwürdige Strohdach.

Gesät wird von Ende August bis Mitte Oktober. Vor der Saat müssen die Felder noch vom Müll befreit werden. Die Bochumer entledigen sich auf dem Acker gerne alter Bierflaschen, Fahrräder oder Mopeds. Vor vier Jahren bei der Ernte lag sogar mal eine Leiche vor meinem Mähdrescher. So was muß es hier in der dichten Besiedlung wohl auch mal geben. Der Tote war ein Drogenabhängiger, der sich auf meinem Feld den Goldenen Schuß gesetzt hatte.

Eine viel unangenehmere Arbeit war mir das Steinesammeln. Ich hatte die Empfindung: Je länger ich sammelte, desto mehr Steine kamen in den Acker. Glaubte ich, eine Stelle recht

rein abgesammelt zu haben und blickte mich
nach einiger Zeit wieder um, so fand ich immer
wieder, was ich nicht finden wollte: Steine,
nichts als Steine. Die reine Sisyphusarbeit!

Bevor wir säen können, müssen die Felder gepflügt werden. Das Pflügen ist recht eintönig, ein Rad in der Furche
geht es mit dem Trecker übers Feld. Hin und Her. Der
Trecker fährt im Schritttempo und der Pflug hintendran
zieht mehrere Furchen auf einer Breite von 2 m. Bei 75
Hektar Land muss ich einige Runden drehen. Da kann man
sich wirklich Gedanken über Gott und die Welt machen,
aber eigentlich ist man mehr damit beschäftigt, nicht ein-
zuschlafen, sonst fährt man an der anderen Seite des Feldes
in den Graben. Bei unseren Vorvätern war's aber schlim-
mer, die liefen wochenlang hinter dem Zweifachpflug her,
der nur auf 40 cm arbeitete. Die haben sich wahrscheinlich
mit ihren Pferden unterhalten. Das war damals richtige
Plackerei.

Früh morgens um ½ 4 mußte ich heraus aus dem
Bett, und wenn ich mich dann hinter Egge und
Pflug müde gelaufen hatte, dann fielen mir des
Abends um 9 Uhr beim Abfüttern der Pferde tatsächlich mitunter die Augen zu. Ich lebte
dahin, lebte und arbeitete. Oder besser
gesagt: ich vegetierte, wie auch die anderen
Gutsarbeiter dahinvegetierten. Wir arbeiteten,
wir aßen, wir schliefen und - arbeiteten wieder, ganz so wie die Ackerpferde: hüh, hott und
prrr. In stiller Abgeschiedenheit, fern von
Dorf und Stadt, verging hier ein Tag nach dem
anderen in ewiger gleichförmiger Tretmühlen-
arbeit.

In den Wintermonaten ist auf den Feldern wenig zu tun.
Dann kümmere ich mich mit meinen beiden Söhnen um
die Maschinen. In meinem Fuhrpark stehen ein
Mähdrescher, drei Trecker und fünf Hänger für den

Transport von Korn. Die Pflanzenschutzspritze, die Sämaschine und der Pflug werden von den Treckern gezogen. Allein der Mähdrescher kostet 130.000 Euro. Deshalb habe ich mit einem Kollegen eine Maschinengemeinschaft. Wir haben die Maschinen zusammen angeschafft und nutzen sie gemeinsam. Das ist eines der Probleme der heutigen Landwirtschaft. Das eingesetzte Kapital pro Arbeitskraft ist unheimlich hoch. Mein Kollege und ich haben zusammen ein Kapital von über 400.000 Euro hinter uns. Das gibt es nicht einmal in der Schwerindustrie. Bei diesen hohen Kosten und den vergleichsweise niedrigen Gewinnspannen für das Getreide, muss man als Bauer heutzutage riesige Flächen bewirtschaften, um überhaupt davon leben zu können.

An landwirtschaftlichen Maschinen fand sich alles vor, was irgendwie zweckentsprechend verwendet werden konnte. Für den Außenbetrieb die Mähmaschine, Drill(Säe-)maschine, der Heuwender, Düngerstreumaschine, sowie die verschiedensten Arten von Tief-, Saat-, Schäl- und Hackpflügen nebst verstellbaren Eggen und Reißern. Auf dem Boden kamen die neuesten Systeme von Kornreinigungs- und Sortiermaschinen zur Verwendung. Gedroschen wurde, wie allgemein üblich, mit der Dampfdreschmaschine, die einem selbstständigen Unternehmer gehörte.

Im Frühjahr gehts dann wieder raus, die Felder müssen gedüngt und mit Pflanzenschutzmitteln gespritzt werden. Es gibt aber auch Tage, da bleiben die Türen zu. Da ist niemand auf dem Hof. Weil unser Hof keine Tiere hat, gibt es kein tägliches Arbeitspensum. Wenn die Felder gedüngt und gespritzt sind, bleibt bis zur Ernte auf gutes Wetter zu hoffen.

Neben der Arbeit auf dem Feld muß ich zunehmend im Büro arbeiten. Allein für die Ausgleichszahlungen von der

EU sitze ich drei volle Arbeitstage im Büro. Die Zahlungen müssen bei der Landwirtschaftskammer beantragt werden. Jedes Feld, jede Parzelle muss einzeln aufgeführt und die Art der Bebauung angegeben werden. Ohne Bürokratie gehts in Deutschland nicht. Einmal im Jahr, im Mai, werden die Anträge eingereicht, und kurz vor Weihnachten kommen die Zahlungen dann. Ohne das Geld von der EU wäre Getreidebau in Deutschland nicht mehr machbar. 600 Euro kriegt man für einen Hektar Getreidebau im Jahr. Während der EG-Agrarreform 1992 wurden die Preise für unsere Waren zurückgenommen. Die Gelder von der EU sind deshalb Ausgleichszahlungen für die niedrigen Preise und keine Subventionen. Beim Bürger entsteht immer der Eindruck, wir würden von der EU hoch subventioniert.

Auf wie viel Bargeld durfte man rechnen? Bald war Martini heran, dann mußte dem Hilfsmann der Lohn gezahlt werden. Der Herbstmarkt nahte. Was gab es da alles einzukaufen! Fast die gesamten Jahresbedürfnisse wurden auf dem Herbstmarkt gedeckt; so wollte es einmal die gute alte Sitte, und dann - hatte man im Herbste auch das meiste Bargeld in den Fingern, wenigstens hoffte man es. Da wurden Stiefel und Schuhe gekauft, wenn einem der Dorfschuster zu teuer erschien; ein neues Spinnrad oder eine Waschbütte tat nötig; ein Spaten, eine Forke, eine Hacke oder eine Sense mußten ersetzt werden.

Von meinen 75 Hektar Land sind 25 von der Stadt gepachtet. Einige meiner Kollegen sind fast zu 90 % abhängig von der Pacht der Stadt. Das macht große Probleme, weil die Stadt nur kurzfristige Pachtverträge vergibt. Man kann nie sicher sein, ob die Pacht verlängert wird. Pro Jahr wandelt die Stadt zwischen 15 und 20 Hektar Agrarfläche in sogenannte Ausgleichsfläche um. Diese Ausgleichsfläche nimmt sie aus unseren Pachten. Wenn zum Beispiel der Metrorapid 20 Hektar verbaut, muss die Stadt dafür Ausgleichsfläche schaffen und diese ökologisch aufwerten, indem sie zum Beispiel Waldfläche aus den Feldern macht. Da Ackerland ökologisch gesehen für die Bürokraten ungefähr die gleiche Wertigkeit wie Straßen hat, nimmt uns die Stadt den Boden und forstet ihn auf. Das kostet uns fast jedes Jahr einen Bauern.

Der Mann war auf seine Art ein Philosoph. Er hatte »über alles und noch'n ganzen Haufen nachgedacht, wie er sagte. So z. B. ärgerte er sich jedes Mal über die Eisenbahn, die erst vor ein paar Jahren dort gebaut worden war und an seinem Felde vorbeifuhr. Am meisten wurmte es ihn, daß er selbst mit dabei gewesen war, als der erste Spatenstich getan wurde. Was hatte der Bürgermeister den Ackerbürgern nicht alles zu erzählen gewußt über den Wert solcher Eisenbahn. Der Verkehr sollte gehoben werden; die Stadt würde sich vergrößern, und – das Wichtigste für die Ackerbürger - ihr Grund und Boden sollte dadurch bedeutend an Wert gewinnen! Deshalb hatten sie sich bereden lassen.

Unser Hof ist auf Dauer zu klein. Mein jüngerer Sohn studiert Agrarwirtschaft und möchte später den Niederschultenhof übernehmen. Und um zwei Familien zu ernähren, werfen die Felder nicht genug ab. Deswegen bauen wir im Moment einen weiteren Hof in Mecklenburg-Vorpommern auf. Die Flächen sind schon größtenteils gekauft, wir warten nur noch darauf, dass die Pachtverträge bis 2005 auslaufen. Wenn mein Sohn in Zukunft von der Landwirtschaft leben will, muss er einen großen Hof haben. Wegen des freien Handels in der Europäischen Union stehen wir in Konkurrenz zu Höfen im Ausland, wie Frankreich, Italien, Spanien und bald sogar Polen. Dort wird Landwirtschaft in ganz anderen Ausmaßen betrieben. Die Höfe sind dort oft mehrere tausend Hektar groß.

Die Politik in Deutschland scheint noch nicht ganz verstanden zu haben, dass wir Bauern uns international vergleichen lassen müssen. Frau Künast will, dass wir wieder »produzieren wie unsere Väter«. Die Höfe sollen klein sein und am besten auch noch Bio. Ohne ihre Scheuklappen würde sie sehen, dass die Amerikaner mit Höfen von 20.000 Hektar den Doppelzentner Weizen für 6-8 Euro anbieten können, während wir 10-12 Euro verlangen müssen. Und die viel beschworene Bio-Landwirtschaft ist auch nur eine Nische. Alle sagen, das brauchen wir, aber keiner ist bereit dafür zu zahlen. Die Bio-Produkte haben sich inzwischen auf einen Marktanteil von 2 % eingependelt. Und Frau Künast will den Anteil bis 2010 auf 20 % erhöhen. Das hört sich gut an, ist aber völlig realitätsfern. Sie wird nur ein sehr kleines Klientel finden, dass bereit ist, für ein Ei im Bio-Laden 25 Cent zu zahlen, wenn ein Ei auf dem Wochenmarkt für 10 Cent zu haben ist. Man kann den Menschen nicht zurückdrehen. Kaum jemand wird auf den heutigen Wohlstand verzichten wollen, nur damit er die Milch von einer glücklichen Kuh trinken kann.

Überhaupt fühlen wir Bauern uns von der Politik nicht ernst genommen. Erst vor kurzem hat ein grüner Politiker, der Europaabgeordnete Friedrich-Wilhelm Graefe zu Baringdorf, selbst Öko-Bauer, versucht, sich auf unsere Kosten zu profilieren. Zusammen mit dem WDR- Magazin 'Plusminus' verschickte er mit Tiermehl versetzte Futtermittelproben, die angeblich von seinem Hof stammten, an Analyselabors. Sie wollten den Labors lasche Testmethoden nachweisen. Glücklicherweise stellten die Labors aber fest, dass das Tiermehl erst nachträglich beigemischt worden war. Baringdorf wollte einen angeblichen Skandal konstruieren, sich als Aufpasser der Nation präsentieren und damit der Politik seiner Parteikolleginnen Höhn und Künast Vorschub leisten. Für mich ist es schlimm zu sehen, dass wir soweit sind, dass Politiker auf unserem Rücken Machtpolitik austragen.

So tüchtig der Besitzer in der Ökonomie war, - gegen seine Leute war er ein ausgesprochener Protz. Sie galten ihm lediglich als menschliche Maschinen, als ein notwendiges Übel, ohne das er leider nicht fertig werden konnte. Er sah in ihnen einzig und allein Arbeitskräfte, Hände, die nur dazu bestimmt waren, für ihn zu arbeiten, so viel oder so wenig er ihrer gebrauchen konnte. Die höchste Genugtuung gewährte ihm die Anerkennung für seine fachökonomischen Neuerungen seitens des landwirtschaftlichen Vereins, in dem er eine autoritäre Rolle spielte. Wurde sein Hof von anderen Landwirten besichtigt und gelobt, so strahlte sein Gesicht im Vollgefühl stolzen Selbstbewußtseins, und er hielt den Besuchern dann förmliche Vorträge über den praktischen Wert dieser oder jener Maschine, über die guten oder schlechten Wirkungen der verschiedenen künstlichen Dünger- und Futtermittel.

Seit 15 Jahren trage ich diesen Liedtext in meiner Tasche. Der Pfarrer einer evangelischen Gemeinde in Bochum wählte damals eine Verballhornung des Liedes »Im Märzen der Bauer...« für den Erntedank Gottesdienst. Der Chor sang: »Im Herbst dankt der Bauer der Tiermedizin_ Die Milch wird nicht sauer vor Penicillin._ Die Schweine sind fettarm und lang wie noch nie,_zum Ruhm und zur Ehre der Biochemie.« Und die Leute in der Kirche haben kräftig mitgesungen. Dem Pfarrer habe ich damals Bescheid gesagt, dass ich unter diesen Umständen wohl kaum das Abendmahl empfangen kann. Aber die Menschen in der Kirche sind natürlich mit ihren verdrehten Vorstellungen vom Bauern nach Hause gegangen. Die Vorurteile in der Bevölkerung gegenüber Bauern sind heute immer noch sehr verbreitet. Wenn man Pflanzenschutzmittel einsetzt, heißt es, man verseuche das Grundwasser. Wenn man Kaninchen und Tauben schießt, um die Felder zu schützen, gilt man gleich als Schlächter.

Wenn man die Felder mit Gülle düngt, schreien gleich alle »Luftverpester«. Wir haben das Problem, dass heute kaum noch jemand in der Bevölkerung weiß, was ein Bauer eigentlich macht. Manche glauben, die Milch käme von der lila Kuh, andere trampeln durch die Felder, weil sie glauben, sie würden über Gras laufen.

Die Lehrerfrau kam mit der Bäuerin nach der Koppel, um frischgemolkene Mittagsmilch zu trinken. Die gute Frau mit ihrem hellen Kleide und den zierlichen Lackschuhen konnte sich gar nicht genug wundern über die Zutraulichkeit der Kühe, wie still sie hielten und sich melken ließen. Ein über das andere mal rief sie: »Ach wie niedlich, wirklich zu niedlich!« Mir war jedoch gar nicht so niedlich zumute, denn die alte Bleß war derartig emsig in der Abwehr der Fliegen begriffen, daß sie mein Gesicht dabei ziemlich rücksichtslos mit dem - wie es zuweilen vorkommt - etwas sehr saftigen Schwanzende bearbeitete. Die Lehrersfrau näherte sich lächelnd, um die Kuh beruhigend zu streicheln. Die krabbelnde Berührung behagte dem Tier aber in diesem Moment ebenso wenig wie die Fliegenstiche und schwapp - hatte die Dame eins mit dem Schwanz im Gesicht. »Pfui,« rief sie ganz bestürzt und suchte sich die garstige Naturschminke schnell wieder abzuwischen. Um nun aber nicht den Anschein zu erwecken, als lasse sich eine echte Sommerfrischlerin durch die Berührung mit einem angefeuchteten Kuhschwanz aus der Fasson bringen, näherte sie sich abermals dem Hinterteil der Kuh, und nun wurde die Geschichte noch niedlicher, die gute Bleß hatte nämlich gerade das, was man im menschlichen Leben Diarrhöe nennt. Obendrein mußte das liebe Tier auch noch husten, und wenn ein Rindvieh hustet, tut man immer gut, ein wenig aus der Schußlinie zu gehen. Das wußte die Stadtdame natürlich

nicht, und deshalb - nun deshalb: ein Schrei
des Entsetzens, und schon war's geschehen. Das
schöne helle Kleid, wie sah es aus! Auch auf
den Lackschuhen glänzte es dickflüssiggrün-
lich.

Deswegen haben auch die aktuellen Krisen wie BSE und
Maul- und Klauenseuche so eine einschüchternde Wirkung
auf die Bevölkerung. Wir haben ein Ernährungsniveau
erreicht, das die Menschheit bis heute nicht hatte. Wir
essen immer mehr, leben immer länger. Wir schwelgen ja.
Von den Erdbeeren im Frühjahr über den Lachs ist ja
immer alles verfügbar. Leider weiß aber kaum noch
jemand, wo die Nahrungsmittel herkommen oder wie sie
erzeugt werden. Wegen dieser Unwissenheit läßt sich die
Gesellschaft leicht manipulieren. Wenn dann ein Politiker
rumschreit:»Das ist vergiftet!«, glaubt der Bürger das
natürlich schnell.

Nach einigen Überlegungen kam ich meiner-
seits zu dem Entschluß, wieder als Ackerknecht
zu gehen. Dem Stadtleben konnte ich keinen
Geschmack abgewinnen, es war mir zu unruhig,
zu wenig stabil für die Existenz eines
Arbeiters. Zwar war ich ein leidlich kräftiger
Mensch und konnte meine Hände schon rühren.
Daran sollte es ja nicht liegen. Doch hatte ich
auch vielerlei von Perioden der Arbeits-
losigkeit in den Städten gehört, wo dann Not
und Elend unter der Arbeiterschaft zuweilen
einen sehr hohen Grad erreiche, daß selbst die
tüchtigsten und fleißigsten unter ihnen nicht
mehr wußten, wo sie noch das Notwendigste zum
Lebensunterhalt hernehmen sollten. Da sagte
ich mir: Wozu sollst du in der Stadt herumhun-
gern, wenn du's auf dem Lande nicht nötig hast?
Zudem war ich das Landleben nun einmal
gewöhnt, und ich will offen gestehen: ich
hatte auch Liebe zu dieser landwirtschaftlichen Arbeit. Die Beschäftigung in frischer

freier Luft, auf dem Felde sagte mir zu, und
im Winter war man meistens im warmen Stall und
konnte sogar mit einem gewissen Gefühl der
Behaglichkeit die Schneeflocken draußen tanzen
sehen.

Stolz bin ich auf meinen Berufsstand. Ich halte unseren Hof in der 12. Generation. Eine so lange Tradition kann kein Krupp vorweisen. Ich bin doch fast ein König. Ich habe meinen eigenen Grund und Boden. Kann jederzeit autark werden. Wenn ich mir ein paar Schweine und Kühe kaufe, kann ich meine Familie komplett selbst versorgen. Nur die Anerkennung aus der Bevölkerung fehlt uns Bauern. Das war in früheren Zeiten besser. Derjenige, der früher Hunger hatte, wusste, was eine Scheibe Brot wert ist und vor allem, dass es ohne Bauern auch kein Brot gäbe. Wenn heute einem der Magen knurrt, geht er halt zum Kühlschrank.

Die Passagen in COURIER sind dem Buch »Das Leben eines Landarbeiters« von Franz Rehbein entnommen, erstmals erschienen 1911 in Jena, Eugen Diederichs.

EINE REVIER-VISION:
KUR AN DER RUHR

TIMO RIEG ÜBER DIETRICH GRÖNEMEYER

»Die Offenheit, der Witz, aber vor allen Dingen auch das Anpacken unter dem Motto 'Ärmel hoch und ran' haben mich immer fasziniert und geprägt.« Dietrich Grönemeyer schwärmt fürs und vom Ruhrgebiet. »Hier komme ich her, hier bin ich verwurzelt, liebe die Menschen über alles und fühle mich ungemein wohl hier.« Eine Liebeserklärung - von einem, der die Welt kennt, und der sich für den Schwerpunkt seiner Arbeit für das Revier entschieden hat. »Die Leichtigkeit des Seins spiegelt sich wider in der von vielen Nationen über die Jahrhunderte geprägten Stimmung dieser Region. Mit Begeisterung erinnere ich mich an die 60er-und 70er-Jahre, als viele Bergarbeiter umgeschult wurden zu Pflegern oder sonstigen Berufen in der Medizin. Hier fand ich als aktiver Sportler bei meinen zahlreichen Unfällen eine phantastische Stimmung und Betreuung vor. Die Kumpels von damals waren und sind ganz liebevolle medizinische Betreuer geworden.«

Aus der Ruhrgebietsgeschichte könne man lernen, wie grundlegende Umstrukturierungen möglich sind. »Der Prozess ist noch lange nicht abgeschlossen, aber auf einem guten Weg.« Und auf diesen Weg macht sich Dietrich Grönemeyer selbst - mit vollem Rucksack. Denn er hat eine Vision für die neue Identität im Revier, für Arbeitsplätze und Lebensqualität: »Kur an der Ruhr«. Grönemeyer: »Nirgendwo anders, vor allen Dingen in Europa, gibt es so viele medizinische Einrichtungen, Universitäten, Therapeuten jeglicher Art im Fitness-, Wellness-, Physiotherapie- oder Präventionsbereich, so viele Sportvereine wie im Ruhrgebiet, nirgendwo so viele Bäder, so schöne Wiesen, Wälder und Seen wie im Ruhrgebiet. Wir selbst nehmen das zu wenig wahr, und daher reden wir auch nicht darüber.«

Wo andere in der Debatte um Gesundheitsreform einen Ausgabestopp fordern, verlangt Grönemeyer, zunächst einmal die Ziele zu klären: »Sollte uns die Gesundheit nicht sehr viel wert sein?«, fragt der Arzt. Und als Unternehmer fährt er fort: »Wenn wir das vorhandene Potenzial bündeln und optimieren, können wir mit unseren Gesundheits- angeboten Menschen von überall her gewinnen.« Grönemeyer sieht einen riesigen Arbeitsmarkt für das Revier: »Wir sollten uns öffnen für den Gesundheits- tourismus mit Angeboten von Trendsportarten wie Skaten, Biken, Klettern, Segeln, Schwimmen, Skifahren, Tennis und Golf bis hin zum entspannenden Wandern - und das alles bei optimaler medizinischer Versorgung.« Dabei werde Bochum als Herz des Ruhrgebiets bei der Entwicklung der Gesundheitswirtschaft Ruhr eine wesent- liche Rolle spielen.

Doch zunächst sei ein grundlegendes Umdenken bei Medizinern, Politikern und Patienten erforderlich. »Es geht in der Medizin viel zu selten ums Heilen.« Die Gesundheit, das Wohlbefinden mit seinen vielen Facetten und Ebenen sei zu wenig im Blick. »Weil die Medizin sich nicht liebe- voll um den Menschen in seiner Persönlichkeit kümmert, sondern nur Krankheiten und Symptome bearbeitet.« Der praktizierende Querdenker fordert: »Stellen wir den Menschen wieder in den Mittelpunkt ärztlicher Arbeit, reden wir viel mit ihm, nehmen ihn als Ganzes wahr, nutzen die komplette Bandbreite medizinischen Wissens ohne dogmatische Verklärung und sind wir wieder begeistert von der Möglichkeit, helfen zu können.« Kein Klagen über schlechte Ärzte-Vergütungen, kein Verweis auf Sachzwänge, keine Schuldzuweisung an die Politik? Nein - zumindest erst mal nicht. »Wir müssen uns als Gesellschaft darüber klar werden, was uns Gesundheit bedeutet«, sagt Dietrich Grönemeyer und fordert eine Pause der so genannten Gesundheitsreform. »Was bedeutet uns unser Wohlbefinden, was sind wir bereit dafür zu investieren und wie können wir dann Gesundheit effektiv und menschenfreundlich erreichen beziehungsweise erhalten?«

Dietrich Grönemeyer ist kein Prediger. Und kein Philosoph. Kein Standesvertreter. Dietrich Grönemeyer ist Arzt - zuallererst. Seine Leidenschaft für eine andere, ganzheitliche Medizin und seine Empathie mit Patienten lassen ihn seit Studententagen fragen: Ist das, was wir bisher im Medizinbetrieb machen, schon optimal, oder geht es nicht auch ganz anders? Seine Antworten darauf haben ihm eine rasante Karriere beschert, viel Verantwortung auferlegt und weltweites Interesse erregt. 50 Mitarbeiter hat sein »Grönemeyer-Institut für Mikrotherapie« im Technologiezentrum an der Ruhr-Universität. Für radiologische Krankenhaus-Abteilungen u.a. in Bochum, Witten und Dortmund ist er als Professor für Radiologie und Mikrotherapie der Privatuniversität Witten/Herdecke im Rahmen seins Lehrstuhls wissenschaftlich verantwortlich.

Auch wenn er sich mit seinen Mitarbeitern in der täglichen medizinischen Arbeit auf einige wenige Themen konzentriert, ist sein Ansatz ganz grundsätzlich und auf alle Bereiche übertragbar: »Wir lassen bei allen Behandlungen und Operationen den Körper so weit wie möglich unversehrt und konzentrieren uns exakt auf den Problembereich.« Aber machen das nicht alle Ärzte? Eine Frage des Ansatzes und der Sichtweise, im wahrsten Sinne des Wortes. Grönemeyer: »Nach meinem Studium war ich als Assistenzarzt auf einer Krebsstation. Spritzen gehören da zum Therapie-Alltag. Ich habe mich gefragt: Wo spritzen wir eigentlich genau hin? Von außen kann man das schließlich nicht sehen.« Doch genau deshalb hatte er sich intensiv mit Radiologie, mit den modernen bildgebenden Verfahren, beschäftigt: um in den Menschen hineinsehen zu können.

Und so arbeitete er an einer Technik, die es ermöglicht, die Nadel beim Eindringen in das Gewebe auf einem Monitor zu sehen und so millimetergenau zu platzieren. Heute kann er auf diese Weise Schmerzen bspw. bei Bandscheibenvorfällen beheben: Mit einer Injektionsnadel bringt er Alkohol genau an die empfindsame Stelle und verödet den Nerv damit oder behandelt Bandscheiben mit Medikamenten, ohne anderes Gewebe zu beschädigen. Auch Reparaturarbeiten lassen sich so erledigen. Feinste Laserabschleifungen oder Verfüllungen von zusammengebrochenen Wirbeln bei Osteoporose mit medizinischem Spezial-Zement. Das alles bei nur örtlicher Betäubung und häufig ohne einen einzigen Tropfen Blutverlust.

»Dieses minimal-invasive Behandeln wird sich durchsetzen.« Aber es dauert, trotz aller Erfolge. Bis heute ist Grönemeyer der einzige Lehrstuhlinhaber für Mikrotherapie weltweit. »Der Medizinbetrieb ist stark hierarchisch organisiert, und interdisziplinäre Teams sind noch selten«, kritisiert der 49-jährige, der bei seiner Arbeit Naturheilverfahren, klassische »Schulmedizin« und modernste Hightech-Apparate zusammen bringt. Mal operiert er unter dem eine Million Euro teuren offenen Kernspintomographen, mal greift er wie seit 4000 Jahren die Chinesen zu Akupunkturnadeln. »Das ist kein Spagat, sondern zeigt die Spannbreite der Möglichkeiten von Wissenschaft und Versorgung zwischen Hightech und

Naturheilkunde: Wir wenden an, was hilft.« Dass gerade bei den traditionellen Heilmethoden mit Wärme, Nadeln oder Kräutern der Grund des Erfolges wissenschaftlich noch nicht geklärt ist, treibt das Grönemeyer-Team zu eigenen Forschungen an. »Wir brauchen exakte Studien, um wirksame Verfahren vom Hokuspokus zu trennen.« Kein Wunder daher, dass er von dogmatischen Therapeuten wenig hält, die für Krankheiten entweder nur das Körperliche oder nur das Seelenleben verantwortlich machen.

Und das ist es auch, was seine Ideen so bestechend machen: Grönemeyers Arbeit ist keine Glaubensfrage. Aber sie wildert auf fremdem Terrain - nach herrschender Lehre. »Wem gehört die Wirbelsäule« könne nicht ernsthaft die Leitfrage sein, um über Akupunktur, Massage oder Operation zu entscheiden. »Die therapeutischen Fachleute müssen zusammen arbeiten, einschließlich der Techniker.« Denn die Wirbelsäule gehört dem Patienten, und der habe Anspruch auf die bestmögliche Versorgung im Team der spezialisierten Fachdisziplinen.

Seine Erfahrungen und Forderungen hat Grönemeyer im Oktober 1999 in einem viel beachteten Buch dokumentiert: »Med. in Deutschland - Standort mit Zukunft« (2. Auflage, ABW-Verlag, Berlin). Auch für den interessierten medizinischen Laien verständlich wirbt er für die zentrale Bedeutung des Gesundheitswesens. Wirtschaftlich bedeutet dies, nicht in erster Linie von Kosten zu reden, sondern von Marktchancen: Spitzenleistungen in der Medizin sollen Arbeitsplätze schaffen, exportfähig sein und sogar Menschen aus anderen Ländern für »Gesundheitstourismus« offen stehen. Gesellschaftlich bedeutet dies, aus »Krankenhäusern« in Vernetzung mit niedergelassenen Ärzten und anderen Therapeuten »Gesundheitszentren« zu machen, Orte der Heilung, der Regeneration, vielleicht auch der Kontemplation. Auch der Angst zu begegnen ist in diesen Gesundheitszentren eine Kernaufgabe.

Grönemeyer: »Wir sollten dem Leben nicht Jahre geben, sondern Leben.«

Um das Leben anderer wollte sich Dietrich Grönemeyer schon immer kümmern. Allerdings zunächst nicht als Arzt, obwohl dies zur Familie mütterlicherseits gepasst hätte. »Ich hatte eher an den Pfarrberuf gedacht«, sagt er. Doch als es aufs Abi zuging, war das Interesse für Fernöstliches größer, und so studierte Grönemeyer zunächst Sinologie in Bochum. Nach einer eigenen leidvollen OP war er sicher: Das kann man besser machen. Und so bewarb er sich für das Medizinstudium und bekam schließlich in Kiel einen Platz.

»In Kiel war es eine sehr schöne Zeit, aber doch zu weit weg von meinen Wurzeln«, sagt Grönemeyer, der zwar in Clausthal-Zellerfeld geboren wurde, aber in Bochum aufgewachsen ist. Was er vom Revier natürlich nicht sagen kann, gehört er doch selbst zu den Fortschritts-Protagonisten - wofür er im November 2000 dann auch zum »Bürger des Ruhrgebietes« ernannt wurde. »Die bunte Mischung der Nationalitäten und Kulturen, das gibt es sonst nur noch in Berlin«, sagt der Professor gestenreich und vermittelt Begeisterung. Einen Wermutstropfen hat der »Weltbürger und Lokalpatriot«, der als Gastdozent u.a. in San Francisco, Harvard und Georgetown lehrt, aber doch: »Nach meinen vielen Reisen durch die Welt weiß ich, dass Wetter nicht so bescheiden sein muss wie hier.«

So sehr Dietrich Grönemeyer im Mikrokosmos arbeitet, so sehr geht es ihm dabei doch immer um den Makrokosmos: Die echte Kommunikation und Verständigung der Menschen ist sein zentrales Anliegen und die Gesundheit ein Teil der notwendigen Basis dafür. Ob in der Familie oder über Regional-, Bevölkerungs- oder Religionsgrenzen hinaus. »One world now« sind daher die Weihnachtsgrußkarten des Grönemeyer-Instituts betitelt.

»Wir brauchen die Vielfalt in der Welt, aber diese müssen wir verstehen und respektieren lernen.« Wenig Schlimmeres kann er sich vorstellen als die totale Vereinheitlichung: »Weltweit drei Autotypen, vier Musikstile, fünf Baumarten, sechs Speisen und Getränke - das wäre eine fatale Entwicklung.« Es ist unsere Aufgabe, meint Grönemeyer, das zu verhindern und unseren Planeten pfleglich und menschenwürdig für unsere Kinder zu gestalten. »Es gibt nur diese eine Welt.«

In seinem Buch »Med. in Deutschland« schreibt Dietrich Grönemeyer zum Schluss:

»Der ökonomische Gewinn hat (...) in der Zukunftsgesellschaft nur eine nachgeordnete Bedeutung und muß immer unter dem Aspekt der Menschenwürdigkeit in Bezug zur Umwelt oder besser Mitwelt beleuchtet werden. Die Utopie einer solidarischen Hightech-Industriegesellschaft und der harmonischen menschlichen Evolution in einem ökologischen Miteinander von Mensch und Natur hat bereits Robert Havemann in seinem Buch 'Morgen. Die Industriegesellschaft am Scheideweg' vorgezeichnet. Hier schließt sich der Kreis, der von Carl-Friedrich von Weizsäcker beschreiben und schon 1485 sinnbildlich als Harmonie des irdischen Lebens im Einklang mit der Natur auch von Hieronymus Bosch als Triptychon gemalt wurde. Der Mensch ist Teil dieses Gesamtkunstwerkes. Gefordert ist die tiefe Achtung vor diesem Kunstwerk: Leben!«

Im Ehrenamt den Kumpeln noch verbunden

Denise Haberger über Rudolf Klein

Es war Nacht - bei Tage. Eine dunkle, schwarze Nacht. Für Rudolf Klein war es Jahre lang Nacht, wenn die Sonne schien. 800 Meter tief in der Erde ging er seiner Arbeit nach. Zappenduster, nur mit einer kleinen Lampe, befestigt am Helm, konnte man etwas sehen. Der Staub in der Luft machte die Arbeit ganz schön schwer. Rudolf Klein war Bergmann. Arbeit unter Tage, in einer Tiefe, die ganz schön Angst machen kann. Doch für Rudolf Klein war das kein Problem. »Ich habe nie daran gedacht. Schließlich musst du deine Arbeit erledigen.«

Eine ganz schön abgeklärte Einstellung. »Man konzentriert sich einfach darauf, sein Pensum zu schaffen. Wenn ich auch noch daran gedacht hätte, was passieren könnte, hätte ich gleich aufhören können. Dann wäre man da unten fehl am Platz gewesen.« Als abgeklärt will sich Rudolf Klein nicht bezeichnen. Es sei halt einfach ein Job gewesen - ein knallharter Job dazu. Mit Leib und Seele war er nie Bergmann: »Ich war jung und die Arbeit 'vor Kohle' war eine echte Maloche.«

Und trotzdem: heute erinnert noch einiges an seine Arbeit unter Tage. Vor seinem Haus in Bochum-Weitmar steht auf einem kleinen Podest ein alter Förderwagen von damals. Den hat ihm ein Kumpel mal bei einem 'Klüngelskerl' besorgt und zum 50. Geburtstag geschenkt. »Ein kleines Schätzchen, denn so einfach kommt man da nicht mehr dran«, erklärt der heute 67-jährige. In weißen Buchstaben steht 'Glück auf' darauf, und anstatt Kohle befindet sich ein kleines Blumenbeet darin.

Auch im Haus finden sich immer wieder Erinnerungsstücke an seine Bergmannszeit. Fast schon würdevoll steht eine kleine Figur auf der Kommode im Esszimmer. Mit einer Kaffeeflasche in der einen Hand und einem Möpschen unter dem anderen Arm scheint es fast, als komme dieser Holz-Bergmann gerade nach Hause. »So sahen wir früher aus. Die Kaffeeflasche haben wir in ein Handtuch eingewickelt, damit wir im Werk auch was zum Abwischen hatten, und das Möpschen, das Stück Holzkohle, haben wir uns zum Anfeuern der Kohle aus dem Werk mit nach Hause genommen«, beschreibt Rudolf Klein das Kerlchen.

Mit besonderem Stolz erfüllt ihn aber die Grubenlampe, die er als Anerkennung für seine Tätigkeit als Knappschaftsältester bekommen hat. Denn obwohl seine Zeit als Bergmann schon lange vorbei ist, engagiert sich Rudolf Klein bis heute.

Seit 1973 berät er als Versichertenältester andere Versicherte der Bundesknappschaft. Er hilft ihnen bei Rentenanträgen und versucht ihre Forderungen durchzusetzen. »Ich fungiere hier als Instanz zwischen der Knappschaft und den Versicherten als Vermittler. Ich versuche aber vor allem, meine ehemaligen Kollegen und deren Witwen vor Schaden zu bewahren.« Doch das ist nicht immer einfach. Viele seiner Kumpel sind durch ihre Arbeit im Bergwerk heute schwer krank. Auch Rudolf Klein leidet seitdem an Silikose, der so genannten Staublunge. Ihn hat es allerdings nicht so schlimm erwischt. »Es hat mir sehr weh getan, wie die anderen gestorben sind. Das ist ein elendiger Tod. Du bekommst irgendwann einfach keine Luft mehr. Und das Schlimmste daran ist, dass die Genossenschaft oft nicht zahlt.« Denn Silikose ist nicht immer als Folge der Bergbauarbeit anerkannt. Manche Ärzte seien immer noch der Meinung, die Arbeit unter Tage habe nichts mit Silikose zu tun. Und deswegen drücke sich die Versicherung manchmal um die Zahlungen. »Durch das Geld wird man natürlich auch nicht mehr gesund, aber es hilft zumindest ein bisschen.« Und für diese Hilfe kämpft er im Namen seiner Kumpel.

Rudolf Klein sitzt am Esstisch und hält die Grubenlampe lächelnd in seinen Händen. Obwohl ihm diese Arbeit nie wirklich gefallen hat, bleibt er dem Bergbau in gewisser Weise verbunden. Hier hat er seine Freunde gefunden, seine Kumpel. Hier in Bochum hat er eine zweite Heimat gefunden und seine Frau Hildegard.

Seit 41 Jahren sind die beiden verheiratet, haben zwei Töchter und vier Enkelkinder, eines ist noch unterwegs. 1982 erfüllte sich das Ehepaar einen großen Traum und kaufte sich ein eigenes Haus. »Das war immer sehr wichtig für uns. Jetzt haben wir eine eigene Ponderosa«, bemerkt Rudolf Klein schmunzelnd. Und dass diese Ponderosa auch noch in Bochum steht, freut ihn besonders. »Ich bin ein richtiger Bochumer Junge. Obwohl ich nicht hier geboren bin, gehöre ich zu dieser Stadt und sie zu mir. Mich zieht es hier nicht mehr weg.« Gerade das Zusammenspiel von Industrie und Grünflächen um Bochum herum fasziniert Rudolf Klein. Die Stadt mitten im Pott, in der man Zechen sehen kann, die aber auch einen landwirtschaftlichen Charakter hat, begeistert ihn. Und das genießt er auch tagein tagaus. Seine Spaziergänge im Weitmarer Holz, im Stadtpark oder an der Ruhr will er nicht missen.

Auch an seine Zeit als aktiver Sportler erinnert er sich gerne. »Ich war auf den Sportplätzen zu Hause. Als junger Spund habe ich leidenschaftlich Fußball gespielt.« Erst im

Verein 'Weitmar 09', dann für 'Rasensport Weitmar'. Wie ein ordentlicher Bochumer ist er auch absoluter Fan des VfL. Trauert bei jedem Abstieg und feiert jeden Aufstieg. Früher verfolgte er die Spiele seiner Mannschaft auch noch im Stadion. Eingepackt in seinen blau-weißen Schal beobachtete er neben den Spielen besonders gerne die Menschen um sich herum. Heute sei die Stadion-Zeit vorbei. »Im Alter ist es doch zu Hause vor dem Fernseher am bequemsten.«

Heute geht es ihm ganz gut. Doch wenn er an seine Kindheit zurückdenkt, erinnert sich Rudolf Klein vor allem an eines: Armut. Armut, verursacht durch Krieg. 1935 wurde er in einem 200-Seelen-Dorf im Kreis Falkenberg in Oberschlesien geboren. Bis zum Kriegsausbruch lief alles noch in geregelten Bahnen, doch mit dem Einmarsch der Nationalsozialisten in Polen marschierte auch der Hunger ein. Als sein Vater, ein Berufssoldat, 1942 fiel, brachen, wie in vielen anderen Familien auch, die wirklich harten Zeiten an. Seine Mutter musste ihn und seine ältere Schwester allein durchbringen. Die Lebensmittelmarken reichten gerade für das Nötigste. Das war nicht immer genug. Und da musste es auch schon mal Brennnesselsuppe sein oder die übrig gebliebenen Kartoffelschalen vom Vortag.

An die Zwei-Zimmer-Wohnung, in der die Familie lebte, erinnert sich Rudolf Klein nicht mehr so genau. Er weiß nur noch, dass er sich öfters mehr Bewegungsfreiheit gewünscht hat. Deshalb war er auch selten in der Wohnung. Sein Dorf kannte er wie keinen anderen Ort auf der Welt, die Bewohner waren mehr als nur Nachbarn. Der Krieg schweißt eben zusammen. Dennoch haben er und seine Familie noch recht viel Glück gehabt: »In der Stadt ging es den Menschen noch viel schlechter. Die haben dort den Krieg so richtig erlebt.« Die erste wirkliche Berührung mit dem Krieg hat es für Rudolf Klein erst am Ende, ab 1944, gegeben. Dann nämlich heulten immer wieder die

Sirenen im Dorf. Fliegeralarm. Völlig unvorbereitet suchten die Menschen Schutz im Wald. Einen Luftschutzbunker gab es nicht.

Mit dem Ende des Krieges endete auch seine Zeit in Oberschlesien. Millionen Menschen wurden damals aus ihrer Heimat vertrieben. Rudolf Klein und seine Familie verschlug es 1946 in die Nähe von Hannover. Dort lebten sie in einem Flüchtlingslager. »Im Grunde hatten wir noch richtig viel Glück. Viele Flüchtlinge hatten es später sehr schwer, eine Arbeit zu finden. Und gerade die Kinder fanden erst gar keine Lehrstelle«, lässt Rudolf Klein diese Zeit Revue passieren. Ihm erging es nicht so. 1950, nach der Volksschule, stand er vor der großen Entscheidung, welchen Berufsweg er einschlagen wollte. Sein Traum war es, Schlosser beim Eisenbahnbau zu werden. Die großen schwarzen Lokomotiven hatten ihn schon immer fasziniert. Damals verpasste er jedoch die Bewerbungsfrist und musste somit umsatteln. Das Arbeitsamt schlug ihm einige Ausbildungsmöglichkeiten vor, Rudolf Klein entschied sich schließlich für den Bergbau. »Man hatte mir gesagt, dort könne ich es zum Betriebsführer schaffen und ordentlich verdienen.« Seine Wahl hatte aber auch etwas mit seinem zukünftigen Wohnort zu tun. »Schon als Kind wurden wir in Richtung Sonnenuntergang gehalten und man sagte uns: 'Dort musst du hin. Dort in den Westen, denn da ist das Leben besser.' Und somit war das für mich klar.«

Seit jeher war das Ruhrgebiet für Rudolf Klein der Inbegriff von Arbeit. Hierhin verschlug es Menschen, die es woanders nicht geschafft hatten. »Das findet man hier im Revier immer wieder: Menschen von außerhalb sind hierher gekommen, um Arbeit zu finden und haben sich niedergelassen. So ist eben das Ruhrgebiet.« Ein Schmelztiegel verschiedener Nationen, aber nicht zuletzt ein Schmelztiegel von Menschen aus ganz Deutschland, die nach dem Krieg einen Neuanfang suchten. Einer von ihnen war Rudolf Klein.

1950 begann er seine Lehre zum Knappen in der Schachtanlage 'Prinz Regent'. »Eine knüppelharte Zeit«, an die sich Rudolf Klein nicht gerne erinnert. »Nie im Leben habe ich so hart gearbeitet wie im Bergwerk. Auch später nicht mehr. Wir mussten seinerzeit ja noch alles per Hand machen.« Damals förderte man die Kohle noch mit einem Hammer aus der Wand. Eine schweißtreibende Arbeit, die Rudolf Klein am Anfang einen Muskelkater nach dem anderen bescherte. Doch man gewöhnt sich an alles, auch an die Enge. Platzangst hatte er nur einmal, als er in einen sehr engen Schacht klettern musste. Da musste er hinterher schon ganz tief durchatmen.

1953 schloss er seine Lehre mit dem Knappenbrief ab. Danach arbeitete er noch weitere fünf Jahre in der Anlage. Bis zum Ende konnte er sich nicht an die Gegebenheiten des Bergbaus gewöhnen. Eine knappe Stunde brauchte er immer nach unten bis zu seiner Arbeitsstelle. Erst ging es mit dem Schachtaufzug 800 Meter tief in die Erde, einen Meter pro Sekunde. Dann weiter mit dem Personenzug, eine kleine Reise durch die Anlage.

Auch mit den hygienischen Gegebenheiten konnte sich Klein nie wirklich vertraut machen. »Wir hatten einen Kübel, den wir als Toilette nutzen konnten. Anders ging es ja nicht da unten. Man konnte ja schlecht wieder rauf fahren, wenn man mal musste«, erzählt er lachend. »Ich hab den Kübel nie benutzt. Dann lernt man halt einzuhalten.«

Im Sommer 1958 wurde seine Karriere als Bergmann jäh beendet. Damals machte er Urlaub in Bayern. Mit seinem Motorrad fuhr er auf einer Landstraße, ein bisschen zu schnell, wie er heute zugibt - jugendlicher Leichtsinn eben. Als ihn die Sonne blendete, geriet er ins Schlittern und von der Straße. Er überschlug sich und brach sich das Bein. Ein sehr komplizierter Bruch. Zwei Jahre lang dauerte der Heilungsprozess. Immer wieder musste er ins Krankenhaus. Erst in Bayern, danach ins Bergmannsheil in Bochum. Zwischendurch durfte er wieder nach Hause. Nach mehreren Operationen und Therapien war sein Bein so gut wie geheilt, und Rudolf Klein hätte eigentlich wieder an seine Arbeit zurückgehen können.

Doch damals hatte die Bergbaukrise ihren Höhepunkt erreicht. Während noch drei Jahre zuvor bundesweit 150 Millionen Tonnen Kohle gefördert wurden, ging der Absatz 1960 deutlich zurück. Immer mehr billiges Öl wurde aus dem Ausland importiert. Auf Kohle waren immer weniger Menschen angewiesen. Im Bergbau wurde erheblich weniger gefördert. Und somit mussten die ersten Zechen geschlossen werden. 'Prinz-Regent' war die zweite Anlage der insgesamt 23 Bochumer Zechen, die in diesem Jahr ihre Arbeit einstellte. Wie 5.400 andere Bergmänner stand Rudolf Klein nun auf der Straße. Für ihn war schnell klar, dass er im Bergbau keine Chance mehr hatte. »Das war für mich vorbei. Jetzt wurde es Zeit für etwas Neues.« Und so entschloss sich Rudolf Klein nach acht Jahren unter Tage, wieder ans Sonnenlicht zurückzukommen.

Er ließ sich zum Schweißer umschulen und schon bald danach fand er eine Anstellung im Kraftwerk Springorum. »Damals suchte ich neben einem Job auch eine Wohnung, weil ich gerade geheiratet hatte. Ein Kumpel erzählte mir von dem Kraftwerk, denn dort gab es für die Angestellten auch Wohnungen, und damit war die Sache für mich besiegelt.« Von 1961 bis 1985 arbeitete er in dem Kraftwerk, nach der Schließung wurde er nach Datteln versetzt. Die Arbeit als Schweißer war für ihn eine erhebliche Erleichterung. Nun war er für Reparaturarbeiten im Kraftwerk zuständig. Die schwere Maloche unter Tage hat er nicht vermisst. Dennoch erfüllte ihn das Zechensterben mit Traurigkeit. 1974 schloss mit der Zeche 'Holland' die letzte Schachtanlage in Bochum. Nach 150 Jahren ging somit eine Wirtschafts-Ära zu Ende. »Der Bergbau gehörte zu Bochum und hat die Stadt geprägt. Viele Menschen verdienten dort ihr Brot«, erzählt er wehmütig. »Heute gibt es nicht mehr viele Menschen, die den Bergbau so richtig erlebt haben und davon auch erzählen können. Die jungen Leute wissen gar nicht mehr, wie das damals war.« Deshalb findet Rudolf Klein das Bergbau-Museum auch so gelungen. »Dort kann man sehen, wie es früher war. Es sieht genauso aus wie an meiner alten Arbeitsstelle. Nur ist alles viel sauberer.«

1995 ging Rudolf Klein in den Ruhestand. 45 Jahre lang hatte er gearbeitet. Nun stand er vor einem weiteren Neuanfang. »Es war anfangs schon komisch, wenn man morgens nicht mehr aus dem Haus gehen musste. Da fehlt einem etwas.« Und dieses fehlende Etwas hat Rudolf Klein seitdem Tag für Tag ausgeglichen. Schon während seiner Zeit als Bergmann hat er sich in der Gewerkschaft engagiert, eine Sache, die für ihn besonders wichtig war. »Der kleine Mann, der Arbeiter, wird immer unterdrückt. Auf ihm wird herumgetrampelt. Viele glauben, sie bräuchten keine Gewerkschaft, aber irgendwann ist es wichtig jemanden zu haben, der sich für einen einsetzt.« Und das macht Rudolf Klein seit über 50 Jahren. Er setzt sich für die Belange anderer Menschen ein. Erst in der Gewerkschaft, dann als Knappschaftsältester, in der SPD, aber auch im Siedlerbund. Er berät, informiert, organisiert oder verteilt einfach mal ein paar Mitgliedszeitungen. Verantwortungsvolle Posten will Rudolf Klein nicht mehr einnehmen. »Dafür gibt es die Jüngeren. Ich bin schließlich kein Platzhirsch, der auf einem Posten bleibt, bis er tot umfällt. Ich hatte meine Zeit, jetzt sind die anderen dran.« Doch gerade der Nachwuchs will sich nicht einstellen. »Das ist das große Problem beim Ehrenamt. Es gibt nicht mehr viele junge Menschen, die sich ernsthaft engagieren wollen. Und so bleibt alles an den Älteren hängen. Die werden aber auch nicht immer da sein.« Eine Patentlösung hat aber auch Rudolf Klein nicht: »Da muss sich etwas in der Gesellschaft ändern, sonst stirbt das Ehrenamt irgendwann aus.«

Rudolf Klein will so schnell aber nicht aufhören. Irgendetwas muss er immer zu tun haben: Immer unterwegs sein, Menschen kennen lernen, das ist unentbehrlich für Rudolf Klein. Für dieses Engagement wurde er vor einigen Jahren belohnt. Eines Tages flatterte ein Brief ins Haus: Er sei für das Bundesverdienstkreuz vorgeschlagen worden, für jahrzehntelange ehrenamtliche Arbeit. »Das war schon was. Immerhin fällt einem so etwas nicht in den Schoß. Dafür muss man schon etwas leisten.« Und davon waren auch andere Menschen überzeugt. 1998 wurde Rudolf Klein ins Bochumer Rathaus eingeladen. Während eines feierlichen Aktes mit einigen Reden und einem Buffet überreichte ihm Bürgermeisterin Gabi Schäfer das Bundesverdienstkreuz.

Heute hängt die Auszeichnung im Esszimmer. Fein säuberlich in einem kleinen Bilderrahmen. Nicht auffällig, aber wenn man sich genau umschaut, bleiben die Augen zwangsläufig an dem Kreuz mit blauem Band hängen. Hildegard Klein betrachtet das Kreuz und lächelt in sich hinein. »Manchmal hatte man schon das Gefühl, es wird zur Sucht. So oft war er unterwegs, immer wieder hat er sich das Nächste aufgeladen. Dabei musste er noch arbeiten. Und jetzt, wo er sich eigentlich ein bisschen ausruhen könnte, geht es genauso weiter.« Aber genau das ist es auch, wofür sie ihn bewundert - seine Energie. Sie selbst hat sich nach ihrer Berufszeit auf ihren Ruhestand gefreut. 30 Jahre lang arbeitete sie als Erzieherin. 1965, drei Jahre nach der Geburt der ersten Tochter Elisabeth, fing Hildegard Klein im Kindergarten Wiemelhausen an. Für ihr kleines Mädchen war damals auch ein Platz frei, so konnte Hildegard immer in ihrer Nähe sein. Als Steffi 1968 auf die Welt kam, legte die Mutter erneut eine Babypause ein. Vier Jahre danach, 1972, fing sie im Kinder- und Jugendheim Overdyk an. Dort arbeitete sie bis zu ihrer Pensionierung 1999. Heute kümmert sie sich neben ihrer Familie vor allem um den Garten, den sie hegt und pflegt. Ein Hobby, das die beiden teilen. Gerade im Sommer verbringt das Ehepaar Stunden hinter dem Haus. Hildegard Klein bearbeitet das Gemüsebeet und die Blumen-Rabatten, während sich ihr Mann seiner anderen Leidenschaft hingibt - der Kaninchenzucht. An die 70 Rassekaninchen tummeln sich in einem großen Stall. Regelrechte »Bomber«, wie sie Rudolf Klein beschreibt. Die meisten sogar größer als Yorkshire-Terrier Jule, die aufgeregt neben ihrem Herrchen hoch springt, um das Kaninchen zu beschnuppern, das er gerade aus seinem Stall geholt hat.

Einige Male im Jahr macht sich Rudolf Klein auf den Weg zu Kaninchenschauen, Wettbewerbe, bei denen die schönsten Züchtungen gekürt werden. Das kann ganz schön ins Geld gehen, aber immerhin verkauft er auch das eine oder andere Kaninchen. Werden die Tiere nicht verkauft, landen sie schon einmal auf dem Herd, »das gehört einfach dazu!« Die Arbeit, die Rudolf Klein mit seiner Kaninchenzucht und seinem ehrenamtlichen Engagement betreibt, will er auf keinen Fall missen. »Ich muss schon hin und wieder aufpassen, dass ich nicht zuviel auf einmal mache. Aber wenn es mir wirklich zuviel würde, wäre sofort Schluss. Dann wäre ja auch der Spaß weg.«

Wenn Rudolf Klein heute auf sein Leben zurück blickt, würde er nicht viel ändern wollen. Doch eines, das sagt er ganz bestimmt, hätte er sich anders gewünscht. Noch heute ist er wütend darauf, keine umfangreiche Schulbildung genossen zu haben. »Nach dem Krieg hat man die Flüchtlingskinder so im Stich gelassen. Die Schule in Hannover war einfach ein Witz«, macht er seinem Ärger Luft. Damals hatten sie drei Stunden am Tag Schule.

Davon hielten sie sich die Hälfte der Zeit draußen auf dem Schulhof auf und spielten Fußball. Die andere Hälfte der Zeit sei der Lehrer so hilflos und überflüssig gewesen, dass die Kinder so gut wie gar nichts gelernt hätten. »Was hätte uns der 65-jähriger Mann schon beibringen können?« Später dann, in der Berufsschule, sei es schon besser gewesen. Die acht Stunden einmal in der Woche haben ihm richtig Spaß gemacht. Doch irgendwie habe er während dieser Zeit auch nicht das Interesse gehabt, sich weiterzubilden. »In dem Alter hatte ich andere Dinge im Kopf. Meine Freunde und natürlich Mädchen«, muss er zugeben. Zu spät habe er begriffen, wie wichtig Bildung sein kann. Vor allem die Sprachen fehlen ihm im Urlaub.

Im September wird wieder das Siedlungsfest »Im Großen Busch« gefeiert - zum letzten Mal hat Rudolf Klein das Fest organisiert. »Dann sind die Jüngeren dran, denen ich aber gerne helfe, wenn es gewünscht ist.« Kontakt mit den Jüngeren wird Klein auch über den aufgestiegenen VfL halten: »Da muss ich ja jetzt doch wieder ab und an ins Stadion.«

MIT VOLLEM RUCKSACK UND DER DIASHOW IM KOPF

TOBIAS HAUCKE ÜBER FRANK HILBIG

Ein gewaltiger Neubau. Die Mauern optisch einem Backsteinbau nachempfunden. Zwei dominierende Farben. Die Steine gelb, Fenster- und Türrahmen rot. 14 riesige transparente Tore lassen den verborgenen Fuhrpark erahnen. Innen dominiert sterile Zweckmäßigkeit. Graue Gummiböden, blanke Wände, es riecht ein wenig nach Krankenhaus, und es ist ruhig. Fast zu ruhig, nur die verschiedenen Alarmlampen an den Decken verraten, dass es eine Ruhe auf Zeit ist. Die Feuerwache 2 in der Bessemerstraße 26 ist zuständig für die Bochumer City.

»Es ist immer wieder erstaunlich, wie eine Wohnung aussieht, wenn sie rauchfrei ist.« Der schlanke Mann im blauen Pulli mit der kleinen Aufschrift »Berufsfeuerwehr Bochum« guckt schelmisch. »Wenn es brennt, krabbelst du auf dem Boden rum, alles schwarz vor den Augen, orientierst dich durchs Tasten.« Frank Hilbig, 39, ist stellvertretender Zugführer auf der Feuerwehrwache 2.

Frank ist ein selbstbewusster, ruhiger Typ. Kurzgeschorenes Haar, die tiefblaue Feuerwehrhose mit den Beintaschen wirkt über den dicken Stiefeln ein wenig militärisch.

145

Aber gelassen. Die Stiefel sind nur halb geschlossen, ein Hosenbein schlägt sich am Stiefel auf.

Er sitzt in seinem Büro, seine Stimme ist fest, die Arme ruhen auf dem Schreibtisch, und er erzählt über das, was für viele Menschen den Job eines Feuerwehrmannes auszeichnet: 'Brandbekämpfung'. »Manchmal kommt es vor, dass noch eine Person im brennenden Haus ist. Viele Menschen krabbeln dann aus Angst in die Schränke, wo wir sie dann rausholen müssen.« Doch seine Miene hellt sich gleich wieder auf und fast entschuldigend sagt er: »In den allermeisten Fällen sind die Menschen aber schon aus den Wohnungen raus.« Ihm liegt es fern zu heroisieren, »Wohnungsbrand bedeutet für uns hauptsächlich Löscharbeit.« Mit »uns« meint er die zwei Gruppen à sechs Mann, die in 24 Stunden Schichten rund um die Uhr auf der Wache einsatzbereit sind. Frank hat während dieser Zeit das Kommando über eine der beiden Gruppen. Um 8 Uhr morgens bei Wachwechsel übergibt er das Kommando an seine Ablösung, und die gesamte Truppe wird durch ausgeruhte Männer ersetzt.

Franks Büro ist wie die Wache zweckmäßig eingerichtet. Auf dem Schreibtisch herrscht Ordnung, an der Wand hängt eine Karte mit dem aktuellen Stand der Bauarbeiten der Bochumer U-Bahn. Nur ein Detail fällt ins Auge: ein loderndes Feuer, als Bildschirmschoner auf seinem Computer. Frank lächelt sympathisch, wenn man ihn darauf anspricht. »Meine Frau sagt immer, wir Feuerwehrmänner hätten alle einen Schalk im Nacken. Sie meint, das wäre unsere Art, mit den unangenehmen Seiten des Berufs umzugehen.«

Doch die unangenehmen Einsätze machen nur einen Bruchteil der Arbeit für Frank und seine Kollegen aus. »Der Großteil unserer Einsätze sind Routine. Die Ölspur auf der Alleestraße haben wir genauso regelmäßig wie den überlaufenden PKW-Tank im Sommer.« Da der Feuerwache eine Rettungswache angegliedert ist, stehen im

Sanitätsbereich 3 RTW, Rettungswagen. »Feuerwehr heißt halt nicht nur große rote Autos und verheerende Brände, wir machen hauptsächlich Rettungseinsätze.« Die Feuerwehrmänner sind alle zusätzlich als Rettungs-assistenten ausgebildet. Jeweils zwei von ihnen fahren einen RTW. Wer in der Bochumer Innenstadt einen Krankenwagen braucht, wird von den Männern der Wache 2 ins Krankenhaus gebracht. »Unsere RTW haben durch-schnittlich 16 Einsätze pro Tag.« So werden in Bochum die Berufsfeuerwehr mit drei Feuer- und Rettungswachen und vier eigenständigen Rettungswachen, das Deutsche Rote Kreuz und der Arbeiter-Samariterbund jährlich zu knapp 40.000 Rettungseinsätzen gerufen.

Der reguläre Dienst besteht für Frank hauptsächlich aus Büroarbeit. Seit er letztes Jahr stellvertretender Zugführer wurde, erstellt er die Wachpläne. Er achtet darauf, dass die Männer ihre Schichten in wechselnden Funktionen arbei-ten. Grundsätzlich kann jeder alles. Mal als Rettungs-wagenfahrer, dann im Angriffstrupp oder als Fahrer der 30 m hohen Drehleiter. Doch die Einsätze müssen nicht nur vor-, sondern auch nachbereitet werden. Nach einem Löscheinsatz begeht Frank die Brandstelle zur so genann-ten Nachschau. »Das Löschwasser wird abgesaugt, unsere Schläuche eingeholt und Gefahren wie einstürzende Gebäudeteile werden beseitigt.« Da die Fahrzeuge ständig einsatzbereit sein müssen, verbringt die übrige Mannschaft ihren Dienst auf der Wache hauptsächlich mit Wartungs-arbeiten in der hauseigenen Werkstatt. Jeder Feuerwehr-mann muss eine technische Ausbildung in den Beruf mit-bringen, deswegen können die meisten Reparaturen an Fahrzeugen und Ausrüstung direkt in der Wache gemacht werden.

Traumberuf Feuerwehrmann? »Ja«, sagt er ganz einfach und nickt bestimmt. »Nicht von Anfang an«, räumt er lachend ein. Als kleiner Junge wollte er jedenfalls noch nicht Feuerwehrmann werden. »Das war eher ein Zufall. Ich hab nach dem Fachabi bei der Firma Engels in Bochum-Langendreer eine Lehre als Schlosser gemacht.« Im Anschluss wollte er eine Technikerschule besuchen. »Dann hat mir ein ehemaliger Schulkollege von der Feuerwehr vorgeschwärmt.« Da er auf die Technikerschule noch einige Zeit hätte warten müssen, beschloss er, es bei der Feuerwehr zu versuchen. »Im August ´85 hab ich die Anzeige gesehen und bin dann einfach ins Rathaus marschiert.« Eigentlich habe er sich keine großen Chancen ausgerechnet, sagt er, als wäre es eine Nebensächlichkeit. Doch seine Körperhaltung verrät leichten Stolz: Er hat sich gegen 450 Bewerber auf 24 Stellen durchgesetzt.

Als er seine Ausbildung bei der Feuerwehr begann, wurde er zunächst von vielen Freunden belächelt. »840 Mark Anwärterbezüge, nach drei Lehrjahren nicht gerade viel. Ich hab zwar damals noch zu Hause bei meinen Eltern gelebt, trotzdem war ich ja immerhin schon 22.«

In der riesigen Fahrzeughalle stehen nebeneinander aufgereiht die vier Einsatzfahrzeuge, jeweils zwei für einen Löschzug. Ein großes Ausrüstungsfahrzeug, eine Drehleiter und zwei Tanklöschfahrzeuge, kurz TLF, warten hier stumm auf ihren Einsatz. Vom Boden ragen silberne Stahlstangen in kreisrunde Öffnungen in der Decke. Oben liegen die Ruheräume der Männer. Zwischen den Fahrzeugen stehen vereinzelte Stiefelpaare mit Schutzhosen, bereit, dass ihr Besitzer schnell reinschlüpfen kann.

Frank lehnt an einem Ausrüstungsfahrzeug und erklärt die Faszination seines Jobs. »Ich muss täglich die richtigen Entscheidungen zum richtigen Zeitpunkt treffen.« Er wuchtet mit einer schnellen Handbewegung die Abdeckung an der Seite des Fahrzeuges hoch und legt dessen Inneres frei. Es tun sich unzählige Schubladen mit Werkzeugen auf. Unter anderem ein gewaltiges scherenartiges Gerät. Er zeigt es: »Das hier ist ein hydraulischer Spreizer, damit kann man Autos öffnen, in denen Verletzte eingeklemmt sind.« Er schließt die Klappe wieder und zeigt auf das Dach des Fahrzeuges. »Nicht nur das gesamte Wageninnere ist mit Ausrüstung gefüllt, auf dem Dach liegt auch ein Schlauchboot.« Er beschreibt mit den Händen einen Kreis: »Das alles und die Männer stehen beim Einsatz zur Verfügung. Mein Job ist es zu entscheiden, wie Material und Männer zur Lösung eines Problems eingesetzt werden.« So muss er etwa beim Wohnungsbrand entscheiden, ob der Angriffstrupp in ein brennendes Haus geht, um nach Verletzten zu suchen. Gewissenskonflikte, Kollegen einer Gefahr auszusetzen, schließt er ohne zu zögern aus. »Wenn das Risiko für die Männer unkalkulierbar ist, verzichte ich darauf, die Jungs ins Haus zu schicken.« Franks Auftrag für die Gesellschaft ist klar umrissen. »Der Bürger kann zu Recht erwarten, dass wir alles versuchen, um Personen aus dem Feuer zu holen. Kanonenfutter sind wir aber nicht.«

In einer bestimmten Situation nicht helfen zu können ist die größte Schattenseite seines Berufs. »Vor zehn Jahren hatten wir kurz hintereinander drei Fälle von plötzlichem Kindstod. Das eine Kind haben wir vergeblich über vier Stunden reanimiert.« Wenn er davon erzählt, behält er die übliche Fassung. Seine Augen verraten aber, dass so was nicht spurlos an ihm vorüber geht. »Am Anfang bin ich mit den schlimmen Ereignissen cooler umgegangen, heute reagiere ich sensibler. Gewisse Bilder lassen sich nicht mehr aus dem Kopf löschen.«

Und ab und an beginnt das, was er 'Diashow' nennt. »Die Diashow läuft so ab, wie ich die Einsätze gesehen habe.« Der Ton wird ernster: »Ich sehe immer wieder den Vater, der mit seinem kleinen Sohn unter dem Dachstuhl verbrannt ist. Oder wie wir einen jungen Fahrer 40 Minuten aus dem Wagen schneiden mussten, während sein Kumpel mit gebrochenem Genick auf dem Beifahrersitz saß.« Er mag die gedrückte Stimmung in solchen Momenten nicht. Er versucht die Situation schnell aufzulockern, »Ein paar Bilder sind immer abrufbar, wenn ich eine Schnittstelle hätte, könnt´ ich die alle ausdrucken.«

»Die Kollegen gehen mit so was unterschiedlich um. Einige sagen, wer das nicht aushält, hat den falschen Beruf.« Frank will sich das nicht so einfach machen. »Ich weiß nicht, ob man nicht irgendwann an den Punkt kommt, wo das alles zuviel wird.« Er orientiert sich an älteren Kollegen. »Die alten Hasen sagen, du hast einen großen Rucksack, und jede Schicht packst du da was rein, da kommt über die Jahre einiges zusammen.«

Bong, Bong. Der Gong ertönt gedämpft, wie eine moderne Schulglocke. »Jetzt muss ich aber auch los«, sagt er. Eine halbe Minute später wimmelt die Halle von Feuerwehrmännern. Sie rutschen die Stangen hinab oder kommen vom Innenhof gerannt. Einige haben ihre Schutzhosen schon an, andere schlüpfen schnell in die im Raum verteilten Stiefelpaare. Die Männer sind still, jeder weiß, was er zu tun hat. Zügig, aber bestimmt eilen sie zu den Wagen, steigen ein, legen dort ihre Schutzjacke und den Helm an. Ein Drucker spuckt den Einsatzplan aus. Die Einsatzzentrale der Wache schickt die Informationen des eingegangenen Notrufs mit Wegbeschreibung in die Halle. Frank hält ihn in der Hand, wirft mit einem Kollegen einen Blick drauf, kurzes Abnicken, dann klettert er in die Kabine des Tanklöschfahrzeuges. Ein Brand in der Schrebergartensiedlung an der Alleestraße. Die riesigen Hallentore öffnen sich automatisch, vorsichtig rollen die beiden Löschfahrzeuge, die Drehleiter und der Rüstwagen aus der Halle.

Es ist Nacht, und es ist laut. Der Motor des TLF dröhnt, der Funk gibt knisternd Informationen durch. Das Blaulicht erhellt in kurzen Abständen die dunkle Kabine des Tanklöschfahrzeuges. Frank sitzt auf dem Beifahrersitz, hat den Helm schon auf, mit der einen Hand versucht er in die Feuerwehrjacke zu schlüpfen, mit der anderen hält er sich einen Telefonhörer von der Mittelkonsole des Wagens ans Ohr. Während er Verbindung zur Einsatzzentrale hält, legen die zwei Männer im hinteren Teil der Kabine ihre Atemschutzgeräte an. Sie bilden den Angriffstrupp. Sie müssen vor Ort für einen so genannten »Innenangriff« bereit stehen, möglicherweise ins brennende Gebäude gehen und Verletzte retten. Trotzdem keine Hektik oder Nervosität. Die beiden schnallen mit geübten Handgriffen ihre Pressluftflaschen auf den Rücken, während der riesige Wagen hin und her schaukelt.

Über der Schrebergartensiedlung liegt Rauch. Doch der Einsatzplan sagt nicht, wo genau es brennt. Der Fahrer geht vom Gaspedal, und der Wagen rollt auf der Alleestraße an der Schrebergartensiedlung entlang. Die Männer schauen konzentriert in die Dunkelheit, suchen nach dem kürzesten Weg zum Feuer. Schließlich zeigt einer der beiden auf der Rückbank auf eine Einfahrt: »Dort kommen wir am schnellsten zum Feuer.« Der Fahrer schaut zu Frank, Frank nickt, das TLF biegt ein. Dem Rauch folgend kommt das Tanklöschfahrzeug schließlich am Brandherd an. Jemand wollte seinen Sperrmüll loswerden und hat ein Feuer draus gemacht. Karsten vom Angriffstrupp fragt am Gurt seiner Pressluftflasche zerrend in Richtung Beifahrersitz: »Wir legen wieder ab, ne?« Frank nickt kurz und steigt aus dem Wagen.

»Den kriegt man nicht mehr, der ist längst weg«, Frank steht in der riesigen Feuerwehrjacke, die ihm bis zu den Knien reicht, neben dem Feuer und schaut zu, wie sein Kollege Lars das kleine Feuer mit Löschschaum erstickt. Frank hat die anderen Wagen über Funk zur Wache zurückgeschickt. Nachdem die letzten Flammen erstickt sind, rupfen Frank und Lars mit Harken die Reste des Müllberges auseinander, um eventuelle Schwelbrände zu vermeiden. »Wir sind vorsichtshalber mit allen vier Fahrzeugen ausgerückt. Wenn die Einsatzzentrale nicht genau weiß, wie groß der Brand ist, werden alle verfügbaren Kräfte geschickt. Zurückschicken kann man immer noch.« Oft fahren Frank und seine Kollegen sogar, ohne einen Tropfen Wasser verbraucht zu haben, in die Wache zurück. 2001 waren von 1.558 Brandmeldungen knapp die Hälfte Fehlalarmierungen.

Frank ist am Rosenberg groß geworden. Dort lebt er auch heute wieder mit seiner Frau und seinem Sohn. Der »Kurze« besucht genau wie er damals die heutige Rosenberg-Grundschule. »Die Siedlung Rosenberg wurde Ende der Sechziger erbaut. Ich kann mich erinnern, damals waren nur einige hundert Meter entfernt die Zechen 'Constantin' und 'Lothringen'.«
Schon von klein an hat er mit Bochum bestimmte Begriffe verbunden. »Irgendwie wusste man immer, das ist 'ne Opelstadt. Und der Bochumer Verein war allgegenwärtig.« Sein Vater arbeitete bei der Firma Heinzmann. Die produzierte Materialien für den Grubenbau. »Ich glaub', die großen Firmen haben hier schon immer gut gezahlt, die Leute haben aber auch viel gearbeitet und sich einen gewissen Standard erarbeitet.«

Frank ist seit elf Jahren mit Karin verheiratet. Er glaubt nicht, dass seine Frau besondere Angst um ihn wegen des Jobs hat. »Meine Frau macht sich wohl eher Sorgen, weil ich täglich mit dem Fahrrad zur Arbeit fahre«, erzählt er auf der Terrasse seines Hauses. Vor sieben Jahren haben sie sich das weiße Reihenhaus mit Garten gekauft. Er sitzt am großen Holztisch, legere Kleidung, Jeans, T-Shirt und Sonnenbrille. »Die Gefahren für Feuerwehrmänner werden allgemein überschätzt. Unsere Risiken sind viel eher zu kalkulieren als zum Beispiel bei Polizisten.« Außerdem ist Bochum ein Glücksfall: »In den 100 Jahren Berufsfeuerwehr gab es noch keinen toten Feuerwehrmann im Dienst.« Die Gefahren im Beruf hält er für überschaubar. Wichtiger ist ihm die Prävention im Alltag, über die

Sicherheit seiner Familie denkt er oft nach: »Im Falle eines Falles hat man natürlich eine Fluchtstrategie.« Er nickt mit dem Kopf in Richtung Haus. »Wenn´s brennt durchs Badezimmer aufs Vordach, oder hier durchs Zimmer von unserem Kurzen auf den Balkon.« Bestimmte Verhaltensmuster sind immer präsent. Manches hat seine Frau schon übernommen. »Wenn wir in ein Hotel kommen, wird als erstes geguckt, wo die Fluchtwege sind. Das läuft ganz automatisch.«

»Wenn die Leute mehr aufpassen würden, gäbe es weitaus weniger Brände.« Die Klassiker, das vergessene Essen auf dem Herd, die Grillkohle auf dem Kompost und die Zigarettenasche im Mülleimer sind nach wie vor Hauptbrandursachen. »Ein Eimer Wasser neben dem Grill würde oft reichen.« Der Nitroverdünner am Grill lässt Frank genauso den Kopf schütteln wie die glimmende Grillkohle auf dem Kompost. »Ein Feuerlöscher im Auto kann auch Wunder wirken.« Denn gerade kleine Entstehungsbrände kriegt man mit Pulverlöschern gut unter Kontrolle. Trotzdem ist der Pulverlöscher keine Allzweckwaffe. »Als im Tarmcenter letztens ein Lüfter brannte, haben die Betreiber drei Pulverlöscher à zwölf Kilo draufgehauen. Danach war alles versaut.« Ein Eimer Wasser ist da wirksamer. Mit seinem neunjährigen Sohn Timo hat Frank schon früh sicheren Umgang mit Feuer geübt. »Man sollte die Kinder im Haus erziehen. Wir haben Timo gezeigt, wie man Kerzen anzündet, und ihn das auch mal selber machen lassen.«

Brände entstehen aber nicht nur aus Unachtsamkeit. Frank schaut etwas ernster, als er von einem ehemaligen Kollegen erzählt. »Vor ein paar Jahren trafen wir bei einem Brand zufällig einen freiwilligen Feuerwehrmann am Einsatzort, der dann geholfen hat.« Während der nächsten Schicht gab es dann wieder einen Brand, wo er »zufällig« auftauchte. Bei der Wachablösung fiel die Doppelung auf.

»Der Mann hat zuerst einen Camping-Wagen und dann einen Gartenschuppen in Brand gesetzt.« Frank kann sich das nur mit Geltungsdrang erklären: »Der wollte sich wohl bei den Löscharbeiten profilieren.« Wenn leichtfertig Menschenleben in Gefahr gebracht werden, hat Franks Toleranz jedoch ihre Grenzen. »Irgendwo hört der Spaß auf. Als der Mann dann auch noch im Keller eines Wohnhauses ´rumzündelte, hat er nicht nur unser, sondern auch das Leben der Hausbewohner aufs Spiel gesetzt.«

Rosenberg ist ihm ans Herz gewachsen. Deswegen ärgert er sich über Veränderungen von der Stadt in seinem Viertel. »Die Schwimmhalle des Nordbads ist seit ´87 zu. Jetzt wollen sie auch noch das Freibad schließen.« Darüber ist er sehr erbost. »Da wollen sie jetzt einen Freizeitpark aufbauen«, sagt er mit missbilligendem Blick. »Mit Mini-Golf und weiß ich nicht was.« Er winkt ab. »Für alle Kinder in Rosenberg war das Bad im Sommer ein Ziel. Man hat das Bad ´runterkommen lassen. Und nebenbei: die Kabinen waren schon zu meiner Zeit verrottet. Und jetzt sagt man, eine Sanierung würde sich nicht mehr lohnen. Das stößt hier in der Nachbarschaft auf große Proteste.«

»Kennen gelernt« haben Frank und seine Frau sich in der 7. Klasse auf einer Geburtstagsfeier. »In der Zeit hatten wir aber nie viel miteinander zu tun.« Mit 26 haben sie sich dann wieder getroffen. Nur vier Wochen haben sie gebraucht, um zusammen zu ziehen. Überstürzt? Er sagt: »Ich wusste zwar nicht, was ich wollte, wusste aber genau, was ich nicht wollte.« Lächelnd räumt er ein, dass es schon ein wenig Glücksache war, aber »Erfahrungen hatten wir ja in dem Alter beide schon gemacht«.

»Heute sind wir manchmal schon wie ein Rentnerpaar«, sagt er mit ironischem Unterton. Er lächelt: »Wir haben inzwischen feste Spazierrouten durch die Schrebergärten am Rosenberg.« Frank gefällt, dass Bochum so viele Grünflächen hat. Wie am Kemnader See. Dort sind er und seine Frau während ihrer Freizeit öfters zu finden. Sie drehen dort ihre Runden. Er joggt, sie fährt mit den Inlinern. »Inlinern krieg ich nicht auf die Reihe.« Er kann über sich selbst lachen. »Da bin ich eher grobmotorisch veranlagt.«

Andere Seiten der Stadt stören ihn. Für ihn sind die 'Wohnumfeldverbesserungen' der Stadt Bochum oft keine. »Poller, Verkehrsinseln, Straßenverengungen können beim Einsatz ganz schön störend sein«, sagt er mit rollenden Augen. »Ich hab manchmal das Gefühl, die Straßenplaner gucken sich die Straßen immer nur bei Tag an. Wenn wir nachts Einsätze fahren, sind die Straßen deutlich mehr zugeparkt als tagsüber. Da kommen wir manchmal nur schwer durch.« Und Autos mit den riesigen Feuerwehrwagen einfach beiseite zu schieben, überlegt sich auch der Feuerwehrmann zweimal. Denn der steht hinterher vorm Verkehrsrichter. »Ein gefaltetes Auto lässt sich nun mal schlecht rechtfertigen, wenn nur 'ne Mülltonne gebrannt hat.« Frank meint, da brauche man als Fahrer »ein bisschen Fingerspitzengefühl«. »Der Richter kann hinterher am grünen Tisch entscheiden, wir dagegen haben im Einsatz keine Zeit, die Schäden gegeneinander aufzuwiegen.«

Als echter Bochumer hat er natürlich auch eine Fußballvergangenheit. »Früher war ich richtiger Fan vom VfL.« Damals ist er »als Teenie« jedes Wochenende mit seinen Freunden ins alte Ruhrstadion. »Bis '77 war das ja ein besserer Bolzplatz.« Heute geht er nicht mehr hin: »Die Spieler sind doch alle überbezahlt für ihr Gekicke.«
Die kulturelle Seite Bochums reizt Frank weniger. »Von Zeit zu Zeit höre ich mir mit meiner Frau Konzerte der Bochumer Symphoniker an. Obwohl ich selten klassische Musik höre, gefallen mir die modernen Arrangements von Steven Sloane.« Das Musical Starlight Express hat er zwar schon »tausendmal« gesehen, aber »eher aus wirtschaftlichen Beweggründen«. »Bei Veranstaltungen einer

bestimmten Größe müssen immer Sicherheitswachen vor Ort sein. Bei Starlight Express sind immer drei Männer von uns dabei.« Einer sitzt im Publikum, zwei an der Bühne. Der Dienst als Sicherheitswache findet zum Teil während der Freizeit der Männer statt, ist deshalb freiwillig und zusätzlich vergütet.

Frank meint, dass man als gebürtiger Bochumer »vieles mit einer rosaroten Brille sieht«. Wenn er ehrlich ist, nervt ihn an Bochum nämlich vor allem »das Wetter«, sagt er bestimmt. Deswegen fährt er auch mit seiner Familie jedes Jahr nach Frankreich in den Urlaub. Dort gefällt ihm nicht nur das Wetter besser, er vermisst in Bochum auch manchmal »so etwas wie eine mediterrane Gelassenheit der Menschen«. »Hier sind immer alle so hektisch, wenn ich in Frankreich bin, ist das gleich ganz anders.«

Dabei dürfte Frank mit der Gelassenheit der Bochumer Bevölkerung zumindest beruflich wenige Probleme haben. Denn Frank und seine Kollegen rücken jährlich öfter zu so genannten Hilfeleistungen als zu tatsächlichen Brandeinsätzen aus. 2001 waren es 1.787 Einsätze, in denen er und seine Kollegen bei Verkehrsunfällen, Rohrbrüchen oder Sturmschäden Hilfe leisteten. Das ist Frank wichtig: »Die Bochumer Feuerwehr ist immer bestrebt, für die Bürger da zu sein. Wir haben von unserem Amtsleiter Dirk Hagebölling die Ansage: Wenn jemand bei uns anruft, sind wir grundsätzlich dafür zuständig. Egal, was da kommt. Die Antwort 'Das machen wir nicht' gibt es nicht.«

Feuerwehr versteht er als Freund und Helfer, nicht nur wenn es brennt. Deswegen hat Frank auch die Arbeit seiner Kollegen in New York am 11. September gespannt verfolgt. »Ich saß im Büro und hab auf Eins Live nur 'ne Kurzmeldung gehört, das WTC stände in Flammen. Dann hab ich rüber gebrüllt zur Zugführerin Claudia Vogel, die hatte es auch gehört. Wir sind in den Fernsehraum, da hat sich dann auch innerhalb kürzester Zeit die gesamte Wache versammelt. Der Arbeitsdienst wurde eigentlich direkt eingestellt.« Frank sagt, dass die Beurteilung solcher Unglücke aus der Ferne bei vielen Kollegen ähnlich abläuft. »Man stellt sich im Kopf einen Zeitplan auf. Die Kollegen in New York sind mit Ausrücken und Anfahrt vielleicht 15 Minuten nach dem Einschlag des ersten Flugzeugs vor Ort. Und genau dann kam der zweite Schlag.« Seine Erzählung wird lebhafter, man merkt auch sechs Monate nach den Ereignissen, wie angespannt er und seine Kollegen die Geschehnisse im Fernsehraum der Wache erlebt haben müssen. »Wir konnten uns das genau vorstellen. Du kommst dort an, und dir fällt erst mal die Kinnlade runter. Dann versuchst du, dich mit der außergewöhnlichen Situation abzufinden, und da kommt auch schon der nächste Hammer, das zweite Flugzeug. Du musst dich sofort auf eine noch schlimmere Situation einstellen.« Obwohl er selbst als Feuerwehrmann schon einige Grenzsituationen erlebt hat, meint er: »Das ist eine Situation, die man nicht nachvollziehen kann, wenn man sie nicht selbst erlebt hat.« Deswegen hätten er und seine Kollegen sich auch nicht vorgestellt, wie man nach dem Anschlag hätte handeln müssen. »Die Frage, die sich einem dann stellt, ist weniger: Was hätte ich im World Trade Center gemacht? Man versucht, das auf seine Situation runterzubringen. Wir haben uns gefragt: Wie verhalten wir uns hier in Bochum, wenn zum Beispiel das Europa-Haus am Hauptbahnhof brennt.«

Sein Sohn Timo hat bisher noch keine Ambitionen gezeigt, später Papa zu folgen. »Für Timo ist Feuerwehr nichts Besonderes. Der Papa ist halt Feuerwehrmann.« Frank selbst sagt nicht gern, dass er »stolz« auf seinen Beruf ist. Danach gefragt, weicht er mit vielsagendem Lächeln aus: »Ich mag meinen Beruf. Wenn ich nach meinem Job gefragt werde, brauch' ich nicht lang zu erklären: Feuerwehrmann, und jeder weiß Bescheid.«

»DIE NATUR IST UNSER ANFANG, ZIEL UND AUSGANG«

BIRTE GERNHARDT ÜBER JOHANN MAUER

Der alte Mercedes fährt durch die Königsallee am Bochumer Schauspielhaus vorbei. Am Steuer sitzt ein Mann mit wettergegerbtem, leicht gebräuntem Gesicht. Er trägt ein gedeckt grünes Jackett, einen Pullover, beige Hose und feine Lederschuhe. »Das Theater ist meine große Leidenschaft. Als Student habe ich selbst mit Begeisterung geschauspielert. Den 'zerbrochenen Krug' von Kleist, 'Kaiser und Proletarier' von dem rumänischen Dichter Mihai Eminescu und verschiedene Sketche.« Selten lässt sich Johann Mauer ein Stück im Bochumer Schauspielhaus entgehen. »Schillers 'Die Räuber' ist eines meiner Lieblingsstücke. Liebe, Mord, Freundschaft und Hoffnung. Ein 200 Jahre altes Schauspiel kann so viel spannender sein als ein Schwarzenegger-Film. Die Machtspiele von Graf Moor sind doch atemberaubend.« Ereifert streicht sich Mauer eine weiß-graue Strähne aus dem Gesicht. »Das versteht jeder, egal welche Bevölkerungsschicht. Ich würde mich wirklich freuen, wenn mehr Menschen ins Theater gingen.«

»Doch auch die Arbeit im Wald ist eine Kunst, ein Spiel zwischen Licht und Schatten.« Wir verlassen Bochums Innenstadt, unser Ziel ist das Weitmarer Holz im Süden. Auf der Rückbank liegt eine Aktentasche und ein dicker Ordner, das Auto wirkt gepflegt, kein Dreck auf den Fußmatten, kein Staub auf den Armaturen. Wir sind auf dem Weg zu einer Mitarbeiter-Versammlung. »Ich habe den Jungs vorgeschlagen, wir könnten die Besprechung mit einem Grillfest und Osterfeuer verbinden, wir treffen uns auf einer großen Lichtung im Wald. Aber vorher möchte ich Sie noch herumführen und Ihnen einiges zeigen.«

Nahezu lautlos rollt der Wagen über die Waldwege, durch die heruntergekurbelten Fenster klingt Vogelgezwitscher, es riecht nach frischem Grün. Mauers Haare sind vom Luftzug zerzaust. »Lauschen Sie mal!« Ein deutliches »Kraaaa, kraaaaaa« ist zu hören. »Krähen haben wir hier sehr viele, aber auch an die 35 weitere Vogelarten. Darunter sind sogar Bussarde, Falken und Habichte.« Er fährt nun etwas langsamer und lenkt souverän das Fahrzeug über die unebenen Böden.

Die Fahrt durch den Wald im Auto wäre für jeden normalen Bürger ungewöhnlich, für Bochums Stadtförster sind Kontrollrunden auf diese Art alltäglich. »Andere Leute bräuchten da einen Jeep oder so, wie dieser Förster im Fernsehen, wie heißt der noch gleich, aber ein alter Mercedes tut's auch.« Eigentlich würde er lieber laufen, statt zu fahren. Doch dazu fehlt ihm die Zeit, und das Forstgebiet ist zu groß. »Bochums Wald umfasst immerhin 1.350 Hektar, das sind ungefähr 9 % der Stadtfläche.« Zufrieden lässt er seinen Blick mal nach rechts, mal nach links durch die Baumstämme und das Dickicht schweifen. »Das Weitmarer Holz ist mit 100 ha Bochums größter Wald, es ist eines der schönsten Naherholungsgebiete. Und es gehört zu den bevorzugten Ausflugszielen für Wanderer, Jogger und Reiter.« Er biegt auf einen Reitweg ab. »Der Wald soll Erholungsgebiet für die Bürger

Bochums sein. Leute, die bei Thyssen/Krupp, Opel und BOGESTRA arbeiten, sollen hier ihre Ruhe finden, frische Luft und neue Energie tanken.« Das sei die Aufgabe des Waldes in einer Industrie-, Dienst- und Leistungsgesellschaft. »Die Vielfalt an Pflanzen und Tieren können wir erleben, wenn wir im Wald Beeren und Pilze suchen, reiten, oder Wanderungen und Ausflüge unternehmen, um uns zu erholen. Das alles stellt der Wald dem Menschen kostenlos zur Verfügung.« Mauer lächelt zufrieden, Falten bilden sich um seine Augen. »Der Wald ist Freiraum für den Menschen. Das ist unser Wald, der soll uns allen, die wir hier wohnen, dienen. Das Wörtchen 'mein' sollte man ohnehin gar nicht so oft gebrauchen. Bei uns daheim sagte man früher nur 'unser'.«

Wir fahren mit Schrittgeschwindigkeit an einem Wildgatter vorbei. »Unser Freigehege hat sich zu einem Anziehungspunkt für Spaziergänger entwickelt. Mittlerweile haben 15 Stück Damwild, zehn Mufflons und zwölf Wildschweine hier ihr Revier.« Er hält kurz an: »Schauen Sie mal, wie putzig, die Frischlinge dort!« Zwei kleine Wildschweine kabbeln sich auf dem matschigen Boden.

»Seit 25 Jahren bin ich nun in Deutschland. Zusammen mit meiner Frau bin ich hierher gezogen und habe das Ruhrgebiet lieben gelernt.« Mauer und seine Frau kennen sich bereits seit der Schulzeit. »Wir sind beide Siebenbürgendeutsche, in Rumänien geboren«, erklärt er in seinem unverwechselbaren Akzent mit dem rollenden 'R'. »Genaugenommen bin ich am 16. Januar 1950 in Reusdorf zur Welt gekommen. Ich hänge sehr an Siebenbürgen. Auch wenn ich in Bochum eine wundervolle neue Heimat gefunden habe.« Sein Vater war Landwirt, wie die meisten seiner Vorfahren. »Ich finde, es ist für jeden wichtig, sich auf seine Ursprünge zu besinnen, denn diese sind für einen Menschen das Leben lang richtungsweisend.« Mauer studierte in Rumänien in Kronstadt. »Dort habe ich zuerst das Polytechnikum gemacht, ein allumfassendes technisches Studium. Während dessen begann ich mich für die Forstwirtschaft und Forstwissenschaft zu interessieren.« In Rumänien hatte er schon drei Jahre lang als Forstassessor gearbeitet, bevor er sich 1977 entschied, nach Deutschland zu gehen. »Eigentlich war ich ein Gegner der Aussiedlung. Doch die Leute hatten in den 70er Jahren in Rumänien Angst um ihre deutsche Identität. Es war wie der 'Zug der Lemminge', so viele siedelten aus. Da wollten meine Frau und ich nicht die letzten Mohikaner sein.« Er absolvierte abermals seine Assessorenzeit in Baden-Württemberg und trat dann 1980 die Stelle als Bochums Stadtförster an.

Nun stellt Mauer doch das Auto ab. Wir steigen aus. »Wir müssen nur zusehen, dass wir pünktlich zu der Feier kommen, das habe ich meinen Männern versprochen. Die wären sicher enttäuscht, wenn ich nicht mit ihnen grillen würde.« Beim Spaziergang über den weichen Boden, der unter den Füßen leicht nachgibt, meint man den Wald zu spüren. Johann Mauer fühlt sich an seinem Arbeitsplatz pudelwohl und glücklich. »Der Wald ist mein Element, für mich ist der Wald wie für einen Fisch das Wasser, mein Verhältnis zur Arbeit ist nicht nur ein rationales, sondern auch ein emotionales.«

Wir bleiben an einem stattlichen alten Baum stehen. Mauer lehnt sich mit einer Hand gegen den Stamm »Von besonderem Interesse für Naturkenner ist der alte Baumbestand. Die ältesten Bäume im Weitmarer Holz sind Buchen, die haben ein Alter von bis zu 160 Jahren!« Schon immer hat es hier Wald gegeben, weiß der Förster. »Der Bochumer Wald befindet sich in einem relativ guten Zustand«, versichert er und atmet tief die frische Waldluft ein, als könne er den Gesundheitszustand des Waldes dadurch bestätigen. Er zupft versonnen an dem grünen Zweig eines jungen Baumes: »Oder sieht so etwa ein kranker Wald aus?« Die Übersäuerung durch Ruß, Abgase und sauren Regen habe man in Bochum da, wo notwendig, gut mit Kalk-Ausstreuungen in den Griff bekommen.

»Das Ruhrgebiet ist ein gottgesegnetes Land. Es hat über Generationen Menschen ernährt und trotzdem sind so viele Naturräume erhalten. Es lohnt, sich für das Ruhrgebiet einzusetzen und für den Erhalt der Natur hier zu arbeiten.« Kohle- und Stahlbau haben die Umwelt in Mauers Augen, sogar bewahrt, weil ja fast nur unter der Erdoberfläche gebaut wurde. »Diese Industrie war nicht Flächen verschlingend.« - Unter Tage gab es teilweise 10 Hektar Grund, auf dem gearbeitet wurde, mit gerade mal einem Hektar bebauter Fläche an der Oberfläche. Damit wurde die Natur zum einen geschützt, und trotzdem hatten die Leute ihr Einkommen.

In der Ferne sehen wir eine Gruppe Kinder, die mit ihren beiden Erzieherinnen im Wald spielt. Wir laufen auf das quirlige Geschehen zu. Die Kinder wollen eine Bude bauen. »Na, wie geht es euch denn?« Die Kinder horchen auf und kommen auf Mauer zu. »Soll ich euch mal eine Geschichte erzählen?« Die Kinder umringen ihn begeistert. »Wisst ihr, hier unter diesen Wurzeln da gibt es Wurzelmännchen. Sie leben unter den Wurzeln alter Bäume hier im Wald.« Die Kinder hören dem »Märchenonkel« begeistert zu. »Und die Mama der Wurzelmännchen kocht aus Kräutern, Blättern und Wurzeln Tee.« »Bist du ein Polizist?«, fragt ein kleines Mädchen. »Nein!«, sagt er bestimmt, »Ich bin doch der Förster!« Das Wappen Nordrhein-Westfalens am Ärmel von Mauers »Grünrock« hatte das stupsnasige Mädchen wohl auf die Idee vom Polizisten gebracht. »Ihr dürft hier gerne spielen und Hütten bauen.« Den Erzieherinnen erklärt er, dass ein Forstbeamter im Wald vergleichbare Rechte und Pflichten wie ein Polizist hat. Trotzdem möchte er in diesem Zusammenhang nicht als Ordnungshüter gesehen werden. Der Förster freut sich, dass die Kinder im Wald spielen. »Der Genuss der Natur erhöht die Lebensqualität, im Wald ist die Kreativität der Kinder gefragt, hier können sie ohne materielle Dinge glücklich spielen. Ich bin genauso aufgewachsen und auch meine Töchter. Spielen im Wald war für mich früher immer etwas Aufbauendes.« Mal einen schweren Baumstamm mit mehreren anderen Buben tragen zu müssen oder eine Waldhütte zu bauen, das habe natürlich auch sein soziales Verhalten gefördert. - »Das ist Waldpädagogik. Es ist gut, dass die Kinder die Lebensgemeinschaft Wald erleben und erfühlen.« Die Erzieherinnen stimmen nickend zu. »Tschüss Kinder!« Mauer winkt zum Abschied.

Wir lassen die Gruppe hinter uns und gehen eine Weile schweigend nebeneinander her. Mauer wirkt nachdenklich. »Nur durch ein ausgewogenes Verhältnis zwischen Natur und Industrie kann man den kommenden Generationen ihre Freiheiten erhalten.« Den Leuten dies klar zu machen und den Umweltgedanken zu bewahren sei auch eine seiner Hauptaufgaben als Förster. »Freiheit ist mir sehr wichtig«, beginnt er zu philosophieren, blickt über eine weite Schlucht und sieht dabei einem Bussard zu, der über uns am Himmel kreist. »Wobei Freiheit erst zu erkennen ist, wenn man auch Grenzen steckt. Maschinen und Industrie haben dem Menschen viele Freiheiten gebracht, doch es ist wichtig, wie man mit dieser Freiheit umgeht.«

Mauer kommt im Gespräch »vom Hölzchen aufs Stöckchen«. Während er erzählt, vergeht die Zeit, der Rundweg führt uns zurück zum Wagen. »Nun sollten wir zur Lichtung fahren, die Männer warten bestimmt schon auf uns.« Mauer hält mir die Beifahrertür auf, ich steige ein, er schließt die Türe, läuft hinten um das Auto herum, steigt selbst ein und wir fahren los.

Ein Netz von Wegen führt uns zu dem Treffpunkt. Mauer parkt das Auto am Wegesrand. Er öffnet den Kofferraum und wechselt seine Lederschuhe gegen ein Paar feste Stiefel. Das Geheimnis der sauberen Fußmatten im Försterauto ist gelüftet. »Es kann sein, dass es auf der Wiese etwas matschig ist.«

Auf der Waldlichtung stehen oder sitzen mehrere Männer an Holztischen. Hier geht es zünftig zu. Wir werden fröhlich empfangen: »Mensch schön, dass Sie da sind, dann können wir mit dem Grillen loslegen. Schmeiß schon mal die Würstchen auf den Rost, Wolfgang.« Jeder hat etwas zum Gelingen des Treffens beigetragen, Essen und Trinken mitgebracht. Neben den Tischen steht der Grill mit glühender Kohle, es zischt, als der stämmige Mann mit der Grillzange die Bratwürste und Steaks auflegt. Ketchup, Senf, Majonäse, Brötchen und Servietten, mit einem Stein beschwert. Besteck und Teller braucht hier niemand. Die Männer essen, reden über die Arbeit und Familie oder auch nur, wie prima die Steaks schmecken. Mauer hält ein Würstchen zwischen zwei Brötchenhälften in der Hand und beißt herzhaft zu. Er schlendert von einem Grüppchen zum nächsten und wechselt mit jedem mal ein Wort. Als er fertig gegessen hat, dreht er sich zur Sonne hin und schließt für einen Moment genüsslich die Augen. Mit einer Serviette wischt er sich Finger und Mund ab. Dann kommt er wieder auf mich zu: »Ich hoffe, es gefällt Ihnen! Die Jungs werden wohl noch eine Weile essen. Ich würde mich freuen, wenn Sie noch einen kleinen Spaziergang mit mir machen.« Wir entfernen uns von der Gruppe, gehen zurück zum Waldweg. Das murmelnde Geräusch der Unterhaltungen wird leiser.

Als wir an einem großen abgebrochenen Ast vorbeikommen, weist Mauer mit einer Handbewegung über die Fläche des Waldes. »Es sieht hier nicht aufgeräumt aus, und das ist Absicht. Ich belasse den Wald gerne natürlich, soweit dies forstwirtschaftlich möglich ist«, erklärt er und kaut dabei auf einem Grashalm herum »Bäume sollen ruhig auch mal krumm wachsen.«

Mauer setzt auf die »freie« Entfaltung der Natur. »Naturnahen Waldbau« nennt er das. Wir spazieren langsam weiter. »Umgefallene Bäume, ausgehobene Wurzeln oder abgebrochene Äste gehören zur Ökologie des Waldes und sind Lebensräume für die Tierwelt. In solchem Totholz entstehen Spechthöhlen, die auch andere Vogelarten, besonders Meisen, und Fledermäuse nutzen. Verrottetes Holz bildet Humus und gibt Nährstoffe zurück in den

Kreislauf der Natur. Das natürliche Futter von Baumläufern und kleinen Meisen ist doch in diesen Rinden zu finden, nicht in irgendwelchen Meisenknödeln, die man so kaufen kann.« Er streicht über die rissige Borke einer alten Buche. »Die Biozönose im Wald muss funktionieren.« Also die Lebensgemeinschaft im Biotop von Pflanzen und Tieren.

Als wir zurückkehren, ist der Pfeil- und Bogen-Wettbewerb bereits in vollem Gange. Die Männer spannen die selbst gebastelten Bögen und schießen die geschnitzten Pfeile auf eine Zielscheibe, die an den Strohballen befestigt ist. Sie feuern sich an und versuchen sich gegenseitig zu übertrumpfen. Es fällt nicht leicht, den Bogen so zu spannen, dass der Pfeil durch die Luft schnellt, doch Mauer hat den Dreh sofort raus. Jeder möchte nun gegen den Chef antreten. Schließlich lässt er sich auch noch zum Eierlaufen überreden. Einen Löffel in den Mund gesteckt, das Ei drauf, Beine zusammengebunden und in jede Hand einen Eimer Wasser. Die Waldarbeiter lachen und johlen, als Mauer so über die Wiese stolpert. Für seine 20 Forstarbeiter ist Mauer nicht nur Chef und Respektsperson, manchmal ist er einfach nur ein guter Kumpel. Das bestätigt auch Ralf, der den Blick kaum von Mauers »Eierkunstlauf« lösen mag, dabei in seine kräftigen Hände klatscht. Er lacht laut: »Ja, der Chef ist ein klasse Typ, wir verstehen uns eigentlich alle mit ihm!«

Und so sind auch später wieder alle ernst bei der Sache, als es um berufliche Dinge geht. Mauer steht vor der Gruppe, die wieder an den Holztischen Platz genommen hat. Es wird darüber geredet, wie weit einzelne Arbeiten vorangekommen sind, was in den folgenden Wochen zu tun ist und wo Probleme auftreten.

Mauer leitet, kontrolliert und beurteilt den Einsatz seiner Waldarbeiter, er organisiert und überwacht den Maschineneinsatz im Wald, sorgt für ein ausreichendes Netz von Forststraßen, Schlepperwegen und Lagerplätzen im Wald. »Meine Arbeit findet zu 50% im Freien und zu 50% im Büro statt«, erzählt er später. »Das Ziel eines Försters sollte es sein, eine möglichst große Waldfläche mit geringem Aufwand zu erhalten.« Die Arbeiten im Wald umfassen ein breites Spektrum an Tätigkeiten. »Unter anderem kennzeichne ich Bäume, die beim nächsten Pflegedurchgang zugunsten besserer Bäume gefällt werden sollen, - das nennt man 'Auszeichnen' - so steuern wir die Waldentwicklung.« Zudem managt er den Jagdbetrieb und die Wildbewirtschaftung. »Wobei wir die Jagd verpachtet haben. Ich werde dann immer eingeladen und laufe mit, auch wenn das Schießen auf Tiere nicht ganz mein Ding ist. Doch es ist auf alle Fälle wichtig, um den Tierbestand zu kontrollieren.« »Nach Terminvereinbarung veranstalte ich auch Waldführungen, und ich betreue die Erholungseinrichtungen im Wald.« Zum bürokratischen Teil seiner Arbeit gehört unter anderem die Dokumentation des Betriebsablaufs. »Und die Arbeit mit der Presse selbstverständlich«, sagt er lächelnd. »Morgen treffen wir uns in meinem Büro. Danach zeige ich Ihnen noch ein Projekt, das mir besonders am Herzen liegt.«

Johann Mauers Büro befindet sich im Rathaus. Die Abteilung Forsten gehört mit zum Grünflächenamt. Mit einem erfrischenden Lächeln und einem festen Handschlag begrüßt Mauer mich. Durch ein Vorzimmer gehen wir in seinen Raum, hier sitzt er alleine, hat seine Ruhe. Ordnung herrscht vor. Auf dem Schreibtisch stehen sein Computer, das Telefon und ein Faxgerät. »Den PC mache ich selten an, auch wenn er sehr hilfreich sein kann. Immerhin soll ich den Computer beherrschen, nicht er mich.« Die Schreibarbeiten erledigen zum Teil auch seine Mitarbeiter. »Für mich ist das Rathaus wie eine Zentrale. Hier wird gewaltet und geschaltet. Verordnungen, Anträge und Verhandlungen all das passiert doch hier, nicht im Wald.«
»Dennoch würde ich mit Ihnen jetzt gerne noch mal in die Natur fahren und Ihnen die Deponieaufforstungsflächen zeigen.« Er holt etwas hinter seinem Schreibtisch

hervor. »Die habe ich Ihnen heute früh im Wald ge-
pflückt.« Er überreicht mir einen kleinen Strauß violetter
Blumen. »Es sind Küchenschellen, hübsch, nicht wahr. Ich
habe sie auf meinem Morgenspaziergang im Wald entdeckt.« Er hat die Stängel sorgfältig in ein feuchtes Tuch
gewickelt und Folie drumherumgeklebt, damit sie den
Kopf nicht hängen lassen, bis sie in der Vase stehen.

Wir verlassen das Rathaus und fahren in den Norden
der Stadt. »Stellen Sie sich vor, dort, wo früher Schlacken
und Schutthalden das Bild bestimmten, ist mittlerweile ein
dichter grüner Gürtel entstanden. Darauf bin ich sehr
stolz.« Was sich während der Fahrt im Auto noch wie ein
Märchen anhört, ist an der ehemaligen Zeche Müser
Realität geworden. »Zunächst haben wir Lehm auf den
Boden der Halden aufgebracht und Wildkräuter darauf
gepflanzt, später dann Bäume gesetzt.« Mauer zeigt mir
außerdem Hunderte von gesunden Eichen, die auf den
ehemaligen Halden an der Helstraße, Blücherstraße,
Schützenstraße, Oberstraße und an der Werner Straße
wachsen. Hier machen wir einen kleinen Spaziergang. Die
Deponieaufforstung war im Grunde schon beschlossene
Sache seit es den Kohle-Bergbau gibt. Seitdem hat sich in
der Bevölkerung des Ruhrgebietes ein grünes Forum entwickelt, das einen unglaublich starken Willen hat. Die
Bevölkerung nehme Anteil und sei besorgt um die
Grünflächen und habe sich deshalb verstärkt für deren
Erhaltung eingesetzt. »Darum möchte ich allen meinen
Dank aussprechen, die beigetragen haben zur Erhaltung
und Mehrung der Frei- und Waldflächen. Alleine kann
man so etwas nicht erreichen, nur gemeinsam.«

Wir laufen einen schmalen Trampelweg entlang, der
durch lichtes Gestrüpp und junge Eichen hindurch auf
einen Hügel führt. Mauer geht voran. »Ich habe der
Bevölkerung sozusagen nur bei der Umsetzung ihrer Ideen
geholfen. Doch auch das hat ganz schön Kraft gekostet. Im
Rahmen meines Studiums kam ich als junger Mann nach

Russland, in die DDR, nach Österreich und in andere Länder. Irgendwo las ich einen lateinischen Sinnspruch, der meine Forstlaufbahn bis heute geprägt hat. 'Der Wald ist Gottes Tempel und Priester der, der ihn hegt und pflegt.'« An einer steilen Stelle reicht er mir die Hand und hilft mir hoch. »Nun, ich fühle mich als Hüter von Flora und Fauna. Mein Beruf ist für mich Berufung. Bei dem Zugriff auf Grün- und Freiflächen gibt es stets Interessenschwerpunkte und Vorrangigkeiten. Ich habe mich für die Vermehrung und Erhaltung eingesetzt, Engagement gezeigt. Manchmal kam ich mir bei den Gesprächen als Unruhestifter vor, das war nicht immer angenehm. Doch sehen Sie, wie sehr es sich gelohnt hat.« Er breitet die Arme weit aus. »Es ist doch wunderschön hier, auch für die Jugend. Man kann sich auf diesem Hügel prima hinsetzten, die Natur und Sonne genießen.« Wir gehen und rutschen vorsichtig wieder den Hang herunter und laufen langsam zum Auto zurück.

»Durch eine gute Hilfe und Zusammenarbeit von Kolleginnen und Kollegen haben sich die Waldflächen Bochums bis jetzt deutlich vermehrt. Das war durch Gestaltungsmaßnahmen ehemaliger Zechen, Haldenauf-forstung, Rekultivierung landwirtschaftlicher Flächen und auch durch Ankauf möglich.«

Als wir an der Straße ankommen, lädt mich Mauer noch auf einen Kaffee ein. »Es ist so schönes Wetter, und ich kenne ein nettes Café direkt an der Ruhr hinter Stiepel Dorf, man kann dort herrlich auf der Terrasse sitzen.« Wir fahren hin. Der Blick auf die Ruhr und die umgebenden Ruhrauen ist wirklich wundervoll. Viele Ausflügler sind hier unterwegs. »An der alten Fähre« finden wir auch noch einen schönen Tisch auf der Terrasse. Die Sonne lässt das Wasser des Flusses glitzern. Wir bestellen zweimal Kaffee und zweimal »kalte Schnauze«.

Mauer erzählt von seinen beiden Töchtern. Die »Kleine« macht jetzt gerade Abitur, über ihre Zukunftspläne schweigt sie sich aus. »Die Kinder reden ja nicht so offen mit dem Papa darüber, weil der Papa, sonst so liberal, dann ja doch vielleicht versucht zu intervenieren.« Die »Große« studiert mittlerweile an der RUB. »Mir ist egal, wie sich meine Mädchen im Berufsleben verwirklichen. Es ist wichtig, den Menschen ihre Freiheiten zu lassen, sie sollen ihren Weg gehen. Stolz bin ich allemal auf sie.« Alle vier Mauers wohnen zusammen unter einem Dach in der Nähe des Weitmarer Holzes.

»So gerne ich auch an meine Zeit in Rumänien und an meine Eltern und Großeltern zurückdenke, ich bin jetzt ein richtiger Bochumer. Es hat einige Zeit gebraucht, aber jetzt habe ich hier Wurzeln geschlagen, wie ein Baum.«

Er ist Optimist, ein fröhlicher Mensch, liebt und genießt das Leben. Er nimmt genüsslich einen Schluck Kaffee und schließt kurz die Augen, die Sonne scheint ihm ins Gesicht. Wir essen in Ruhe auf. Mauer bezahlt und wünscht der Bedienung noch »einen wunderschönen Tag«.

Auf dem Weg zurück in die Stadt zeigt Mauer mir von einer Anhöhe das grüne Ruhrtal - mit Blick auf die Klosterkirche und die Stiepeler Dorfkirche. »Auch das ist Bochum, auch das ist ein Stück herrliches, schönes Ruhrgebiet.«

KÖNIGSALLEE - KUDAMM
UND ZURÜCK

ANDRÉ STOLTZENBURG UND MARCO ROHRMANN
ÜBER DARIUSZ WOSZ

Dem *VfL-Teller* sieht man seinen Namen nicht unbedingt an. Hähnchengeschnetzeltes, Auberginen, Zucchinis, Tomaten, Pasta - eher knallbunt als blauweiß. Die traditionelle Farbkombination des Bochumer Fußballklubs ist beim besten Willen nicht zu erkennen. Eigentlich gehören auch noch Zwiebeln dazu, aber die mag Dariusz Wosz nicht. Kein Problem für die Küche des *Café Zentral*, schließlich ist der VfL-Kapitän hier Stammgast. »Ich habe den Teller mittlerweile so oft bestellt, dass sie ihn nach dem VfL genannt haben.«

Der Mann, der hier im Herzen Bochums mit uns die freien Stunden zwischen zwei Trainingseinheiten verbringt, wirkt äußerst entspannt. Was nicht gerade selbstverständlich ist. Denn für den VfL Bochum und seinen Mittelfeldregisseur geht es mal wieder um alles.

Rückblende: Knappe 24 Stunden zuvor hatte der VfL sein vorletztes Saisonspiel in der 2. Liga zu bestreiten, das unbedingt gewonnen werden musste, um das letzte Fünkchen Hoffnung auf einen erneuten Wiederaufstieg zu wahren.

Den ersten drei Abstiegen in den 90ern war stets die sofortige Rückkehr ins Oberhaus gefolgt. Aus den ehemals »Unabsteigbaren« waren so die »Immerwiederaufsteigbaren« geworden. Was charmanter klingt als »graue Maus«, als die man den Club anderswo kennt. Ein Verein ohne jeden zählbaren Titel, aber auch einer, der sich beharrlich weigert, in der Versenkung zu verschwinden. Dreimal schon war man relativ souverän in die Bundesliga zurückgekehrt. Nur diesmal, im vierten Anlauf in zehn Jahren, sollte es äußerst knapp werden mit dem Wiederaufstieg. Alles kam auf die letzten zwei Spiele an.

Unter dem neuen Trainer Peter Neururer hatten die VfL-Kicker im Ruhrstadion teilweise begeisternden Offensivfußball gezeigt und so gleich acht Heimspiele in Serie gewonnen. An diesem Sonntag jedoch, gegen die Gäste von Union Berlin, lief es lange Zeit nicht gut. Ein früher Platzverweis, 60 Minuten in Unterzahl, dazu ein leidenschaftlich kämpfender Gegner und 17.000 Fans im heimischen Stadion, deren nervliche Anspannung deutlich zu spüren war. Als den Berlinern nach 20 Minuten aus heiterem Himmel der Ausgleich gelingt, ist erstmal die Luft raus aus dem Hexenkessel. Mindestens 15 Minuten hüllt sich die bis dahin sehr lautstarke Ostkurve in nervöses Schweigen. Keine Gesänge, nur Fingernägelkauen und ratlose Blicke. Niemand im Stadion will sich für die nächste Saison grauen Zweitliga-Alltag ausmalen.

Mit den leidenden Fans zum bloßen Zuschauen gezwungen war auch Bochums Mittelfeldregisseur Dariusz Wosz. Denn »Darek«, wie den 32-jährigen hier alle liebevoll nennen, musste nach einer Tätlichkeit eine Sperre von vier Spielen absitzen. Der Sportsender DSF hatte die Partie Bochum gegen Frankfurt Anfang April live übertragen. Bei einem Zweikampf erwischte Wosz seinen

171

Gegenspieler Rasijewski mit dem Ellenbogen am Kopf, woraufhin dieser zu Boden ging und minutenlang behandelt werden musste. Weil Schiedsrichter Keßler die Szene übersehen hatte, griff am nächsten Tag der DFB ein und verhängte die Zwangspause gegen Wosz.

Damit war doch zu rechnen, oder?, fragen wir vorsichtig. Ein Griff ins Wespennest, Wosz' Gesicht verdunkelt sich. »Das war doch eine eindeutige Kampagne des DSF gegen mich. Klar hab ich ihn getroffen, aber ich wusste gar nicht, wo. Das ganze ist aus dem Spiel heraus passiert. So was Linkes mach ich nicht.« Und wieso Kampagne? »Na ja, die haben schon während des Spiels über die Sperre spekuliert. Selbst in der folgenden Woche haben sie die Bilder nochmals gezeigt. Hauptsache, mal 'ne kleine Sensation aufdecken.«

Dass Wosz auf unschuldig plädierte, nutzte wenig. Auch im vorletzten Spiel musste es noch einmal ohne den Kapitän gehen. Als sich in der zweiten Halbzeit die Ereignisse überschlugen, kochte die Stimmung im Ruhrstadion über. Erst nahm der Schiedsrichter einen Elfmeter für die Gäste zurück, der wohl das Aus im Aufstiegsrennen bedeutet hätte. Später aber gab er ein reguläres Führungstor für den VfL nicht und hatte damit die Fans beider Lager gegen sich aufgebracht . »Schieber«-Rufe waren bei weitem noch das Harmloseste, was die Fans dem Schiri an den Kopf warfen, andere Sprüche belässt man lieber im Stadion. Auch auf dem Platz nahm die Hektik zu: unzählige Fouls und ein erfolgloser Dauerbeschuss des Berliner Tores. Kurz vor Schluss doch noch die Erlösung für die aufgepeitschten Fans, die den VfL immer wieder nach vorne geschrien hatten: Frank Fahrenhorst köpfte zum 2:1 ein und sorgte damit für ein Happy End nach der Nervenschlacht. »Da hat es sich doch wirklich gelohnt, ins Stadion zu gehen«, befand auch der Zuschauer Dariusz Wosz, der während des Spiels auf der Tribüne gesessen hatte und nach dem Abpfiff mit Mannschaft und Trainer auf dem Rasen feiern konnte. »Auch die Ostkurve hab´ ich selten so laut gehört.«

Wie viel Kraft das Spiel gegen Union gekostet hat, zeigt am nächsten Morgen ein Besuch beim Training. Die Mannschaft vom Vortag dreht ein paar Runden um den Trainingsplatz und geht dann vorzeitig duschen. Die anderen, rund ein Dutzend Reservisten, spielen sich derweil in einem nicht gerade verbissen geführten Trainingsspiel den Ball zu, während im Stadion noch die Spuren der Schlacht vom Vortag beseitigt werden. Auch der gesperrte Wosz spielt heute bei den Reservisten mit. Seine Spielfreude zeigt, dass er auf seinen Einsatz im letzten Spiel gegen Aachen brennt. Er läuft und wuselt beim fünf gegen fünf über das kleine Feld, das nur aus dem verlängerten Strafraum besteht, fordert immer wieder lautstark den Ball. Als einem der Kollegen ein Pass missglückt und der Ball rund 40 Meter über die Laufbahn ins Niemandsland rollt, ist es Wosz, der ihn zurückholt. Wie gesagt, der Mann durfte einen Monat lang nicht arbeiten.

Selbst beim Training zieht Wosz das Medieninteresse auf sich. Ein WDR-Team interviewt ihn, während die Mitspieler in die Umkleide traben. Nachdem Wosz '96 der Durchbruch gelungen war, sagte er einmal, dass ihm das Interesse an seiner Person und der Medienrummel oft zu viel seien. Das merken wir auch, als wir ihn an den Termin mit uns erinnern. Er ist freundlich, aber einsilbig, und verschwindet ohne weitere Erklärung unter der Dusche. Eine Viertelstunde später kommt er ebenso entspannt aus der Umkleide wie die meisten seiner Kollegen. Jeder grüßt im Vorbeigehen, Torwart Rein van Duijnhoven pfeift ein Liedchen und Slawo Freier erklärt Journalisten das Ausmaß seiner Handverletzung. Meistgefragter Mann der Journalisten ist jedoch Wosz und dies nicht ohne Grund.

Wosz ist Kopf der Mannschaft, Symbolfigur des Vereins und *der* Spieler für die Fans. Das verleiht ihm auch andernorts in Bochum einen besonderen Status, was wir etwa beim Treffen im Café merken. Wir warten dort auf ihn bei einer Tasse Capuccino. Allerdings will man uns zunächst von dem eingedeckten Tisch wegbitten, an dem wir sitzen. Als wir der Kellnerin erklären, mit wem wir hier verabredet sind, ist aber alles in Butter.

Als Wosz das Lokal betritt, bleiben überschwängliche Reaktionen aus. Kein Wunder, denn zum einen ist Wosz hier Stammgast, zum anderen sind unter den Gästen keine »Kuttenträger ausse Ostkurve«. Geschäftsleute sind zur Mittagsstunde eindeutig in der Überzahl. Ein öffentlichkeitsgeplagter Fußballer ist hier sicher vor den Zugriffen fanatischer Anhänger. »Tut mir Leid, hatte noch ein paar Anrufe auf dem Handy. « Oder ist er von Fans aufgehalten worden? »Ja, das auch. Zum Glück sagen die meisten nur im Vorbeigehen 'Hallo'. Sonst würde so ein Gang durch die Stadt ewig dauern.«

Wosz passt optisch gut ins schicke Ambiente des *Zentral*. Die Haare frisch gestylt, Dreitagebart, Sakko, Ledertreter ohne Socken. Ein Hinweis auf die gewisse Eitelkeit, die man ihm nachsagt? Im *Reviersport* porträtierte Kollege van Duijnhoven vor kurzem seine Mitspieler: Zu Wosz fiel ihm ein: »Der Mann trägt immer zwei Taschen mit sich rum: eine Trainingstasche und eine Kosmetiktasche.«

Absicht oder Zufall? Er trägt die Vereinsfarben: blaues Sakko, weißes T-Shirt. Kein Wunder, dass er überall erkannt wird. Aber verstecken kann er sich hier sowieso nicht. Es gibt schließlich keinen bekannteren Bochumer, behaupten wir einfach mal, und Wosz murmelt: »Kann schon sein.« Sein Gesichtsausdruck ist eine Mischung aus Belustigung und unterschwelliger Zustimmung.

Was die Leidenschaft für den Sport angeht, unterscheidet sich Wosz kaum vom normalen Stadionbesucher. Im

Gespräch mit ihm kommt man zwangsläufig immer wieder auf das aktuelle Fußballgeschehen zurück: die unglückseligen Leverkusener, die gerade mal wieder die Meisterschaft verspielen, die anstehende Weltmeisterschaft, die neuen Trikots des VfL. Er ist nicht nur Profi, er ist zugleich auch ein großes Stück weit Fan geblieben.

Seine straßenfußballgeprägte Begeisterung für das Spiel ist eine Eigenschaft, die besonders die Fans an ihm zu schätzen wissen. Andreas Ernst, der eine private VfL-Fanpage im Internet betreibt, bringt es so auf den Punkt: »Die Fans merken, dass Dariusz keiner von den Abzockern ist, obwohl er gewiss nicht wenig verdient. Er meint es ernst mit der Stadt, meint es ernst mit dem Klub.«

Die Fans lieben ihn seit seinen frühen Bochumer Tagen, die bereits über ein Jahrzehnt zurückliegen. Auch wenn die Liebe nach seinem Wechsel nach Berlin schon mal beendet schien. Doch das ist Schnee von gestern.

Wosz' Beliebtheit erlebte einen neuen Schub, als er im vergangenen Sommer nach drei Jahren Berliner Exil nach Bochum zurückkam. Die Heimkehr vom Spitzen-Club Hertha BSC Berlin zum gerade mal wieder frisch abgestiegenen VfL Bochum war alles andere als alltäglich: Gestern noch als (fast) aktueller Nationalspieler mit der Hertha gegen Vereine wie Dortmund und Bayern, heute Auftritte in der Fußballprovinz in Schweinfurt und Babelsberg, und das auch noch freiwillig. Was bewegt einen Fußballer zu solch einem Schritt, der für die meisten Experten sehr überraschend kam?

»Ich hatte eine schöne Zeit in Berlin, vor allem die ersten zwei Jahre. Im letzten Jahr habe ich allerdings kaum noch gespielt. Und nur meinen Vertrag absitzen wollte ich nicht - ich bin Fußballer, ich will spielen.« Die Möglichkeit dazu hätte sich aber doch auch bei anderen Erstligisten ergeben, entsprechende Angebote gab es schließlich. Warum kam er ausgerechnet nach Bochum zurück, und dann auch noch in die zweite Liga?

Wosz hält den Wechsel für gar nicht so spektakulär. »Was soll ich für zwei oder drei Jahre bei 1860 München oder in Kaiserslautern?«, fragt er schulterzuckend. »Bochum ist schließlich der Verein, bei dem ich groß geworden bin.« Denn auch in seiner Zeit in Berlin verfolgte Wosz das Schicksal seiner alten Liebe. Als dann im vergangenen Sommer VfL-Präsident Werner Altegoer nach dem Abstieg auf ihn zuging, musste Wosz nicht lange überlegen: »Meine Familie und ich waren sehr froh, wieder nach Bochum in die vertraute Umgebung zurückzukehren. Denn auch für Frau und Kinder ist es schwer, alle paar Jahre umzuziehen und bei Null anzufangen. Der Wechsel hatte also vor allem persönliche Gründe.«

Im Laufe des Gesprächs taut Wosz merklich auf und erzählt immer bereitwilliger von sich aus. Wer häufig Fußballern zuhört, der weiß, dass es überrascht, wenn einer mal offen und schnörkellos spricht. Von Wosz kommt kein kaiserliches »Ja gut...«, keine Standardfloskeln, die sonst so oft von Profis bemüht werden. Wosz sagt, was er denkt.

Dass mit dem Wechsel in die zweite Liga auch seine Länderspielkarriere nach 17 Einsätzen endgültig beendet war, konnte Wosz kaum noch stören. Weil er auch in Berlin immer weniger zum Zuge kam, hatte Teamchef Rudi Völler schon seit fast einem Jahr auf ihn verzichtet. »Das Thema Nationalmannschaft war auch vorher schon abgehakt. Verloren hab ich durch den Wechsel also nichts.«

Höchstens in finanzieller Hinsicht. Natürlich musste Wosz da im Vergleich zu Hertha Abstriche machen. Die Bochumer Vereinsspitze setzte alle Hebel in Bewegung, um die Heimkehr zu ermöglichen. Als es dann klappte, waren sich Verein und Spieler auch in einem anderen Punkt einig: Mit dem VfL musste es schleunigst wieder nach oben gehen.

Schon fünf Jahre zuvor hatte es kurz so ausgesehen, als wären die Zeiten als »Fahrstuhlclub« und »graue Maus« passé. Nach dem Wiederaufstieg 1996 war den Bochumern ein erfreulicher Imagewechsel gelungen. Herzerfrischender Offensivfußball brachte dem Verein plötzlich bundesweit viele neue Sympathien ein und sorgte für die beste Platzierung in seiner Bundesligageschichte.

Mit Klaus Toppmöller als Trainer und Dariusz Wosz als überragendem Regisseur landete man am Saisonende auf Platz fünf und hatte sich damit erstmals für einen europäischen Wettbewerb qualifiziert. Das Fachblatt »kicker« führte Wosz plötzlich in der Kategorie »Weltklasse«, bei der Wahl zum Fußballer des Jahres landete er auf Platz zwei. »Hinter Jürgen Kohler«, wie sich Wosz lächelnd erinnert. Mit Dortmunds ehemaligem »Fußballgott« wurde ausgerechnet ein rustikaler Abwehrspieler dem Edeltechniker Wosz vorgezogen. Ein Bochumer auf Platz 1 war den abstimmenden Sportjournalisten wohl doch nicht ganz geheuer.

Spieler vom Schlage Wosz' sind heute äußerst selten geworden in Deutschland. Oft wird dem hiesigen Fußball vorgeworfen, dass er zu sehr an Leichtathletik erinnert und dagegen nur wenig Spielwitz offenbart. Wosz hat von letzterem jede Menge. Er ist aber mehr als nur ein wendiger Dribbler - auch in läuferischer und kämpferischer Hinsicht ist er ein Vorbild. Dass sein Spiel diese Elemente so harmonisch verbindet, mag auch an Wosz' Biographie liegen. Denn trotz seiner Bochumer Prominenz liegt seine Wiege ziemlich weit vom (hiesigen) Revier entfernt.

Geboren wurde er nämlich am 8. Juni 1969 im polnischen Piekary bei Kattowitz und damit ausgerechnet im oberschlesischen Industrierevier. Hier begann der junge Dariusz seine Fußballerlaufbahn. »Ich habe erst mit den Jungs aus der Nachbarschaft auf Wiesen und Feldern gespielt, später dann auf der Straße gekickt. Als Tore mussten Mülleimer herhalten, oder wir haben sie auf die Straße gemalt.« Das war noch in den 70ern und Wosz erinnert sich nur dunkel an diese Zeit. Seine Fertigkeiten am Ball führen aber hauptsächlich auf den improvisierten Fußball in Piekary zurück, denn »richtig gute Technik bekommt man nur beim Bolzen auf der Straße.«

Als der Familie 1979 von den polnischen Behörden die Ausreise in die DDR bewilligt wurde, kam dies ziemlich überraschend. Ein auf lange Sicht glücklicher Zufall für den VfL und, wie Wosz erklärt, »Wie ein Sechser im Lotto für meine Familie«. Normalerweise dauerte es mehrere Jahre, bis ein solcher Antrag abgesegnet wurde, in diesem Fall jedoch nur zwei.

Familie Wosz ließ sich bei Verwandten in Halle nieder, sein Vater arbeitete in der Gärtnerei seines Onkels. Für den damals 10-jährigen Dariusz aber begann eine sehr schwierige Phase. Schließlich kam er in die DDR, ohne ein Wort Deutsch zu sprechen. Auch auf dem Platz, bei seinem ersten Verein Empor Halle, fiel die Verständigung schwer. »Wenn etwas nicht klappte, konnte ich nur ʻScheißeʼ schreien. Ansonsten konnte ich gar nichts«, erinnerte Wosz sich vor einigen Jahren im Fanmagazin »Vfoul«. Auch sozial stellte die Sprache eine schwer zu überwindende Hürde dar. »Wenn du kein Wort von dem verstehst, was da um dich herum und auch über dich gesprochen wird, dann wirst du wahnsinnig. Du bist völlig isoliert.« Zum Glück änderte sich dies in der Folgezeit. Der Fußball half Wosz bei der Integration, doch in der Schule machten sich die Sprachprobleme noch negativ bemerkbar. Nur in Mathe fielen sie nicht ins Gewicht. Unter diesen Umständen wirklich erstaunlich, dass Wosz heute völlig akzentfrei spricht.

Mit 15 kam er dann in die Sportschule. Die sportliche Nachwuchsförderung der DDR war bekanntermaßen hart - so hart, dass Wosz nach einem Vierteljahr ganz mit dem Fußball aufhören wollte. Von morgens bis abends wechselten sich Übungseinheiten und Schulstunden ab, und das beinahe jeden Tag. »Montag früh hatte ich ab acht Uhr Einzeltraining für die Schnelligkeit, dann von zehn bis zwei Uhr Schule , um drei Uhr wurde wieder trainiert, dann anderthalb Stunden Pause, um 19 Uhr Krafttraining und um 21 Uhr war ich wieder zu Hause. Und am nächsten Morgen wieder dasselbe Programm. Wenn ich Glück hatte, war ich mal nachmittags gegen sechs Uhr daheim. Wir haben damals fast mehr trainiert, als wir in der Schule waren.«

Die schönen Erinnerungen an diese Zeit überwiegen aber: »Ich war schon in der Jugend Nationalspieler, und da war man fast das ganze Jahr über unterwegs. Wir haben teilweise unsere Schulaufgaben im Bus gemacht oder im Flugzeug. Aber insgesamt wars eine schöne Zeit. Wir waren 16, 17 Jungs und hatten viel Spaß. Die Lehrer hatten da fast keine Chance bei uns.«

Was ihn im Rückblick schockt: Der jugendliche Nachwuchskicker, der wenig mehr im Sinn hatte als Fußball zu spielen, wurde konsequent von der Stasi beobachtet. Ein 150-seitiges Dossier sammelte sich in den 80er Jahren an, das Wosz mittlerweile durchgesehen hat. Nicht weniger als 14 Leute hatten in seiner DDR-Zeit über fast jeden seiner Schritte Auskunft gegeben. »Wann ich in die Disco ging und wie viel ich getrunken hab, alles stand da drin«, erklärte er im Interview der Bochumer Schülerzeitung »*Der Lichtblick*«.

Er überwand die Anlaufschwierigkeiten in der DDR und kämpfte sich durch. Die Schule beendete er nach der 10. Klasse und machte danach eine zweijährige Ausbildung als Koch, parallel zum Fußball natürlich. 1987 begann seine Profikarriere beim damaligen Oberligisten (der ersten DDR-Liga) Chemie Halle, für den er insgesamt knapp 100 Spiele bestritt. Schon mit 20 debütierte er in der DDR-Nationalmannschaft und absolvierte bis zum Mauerfall sieben Länderspiele und war auch beim letzten Auftritt der DDR-Elf im September 1990 in Brüssel gegen Belgien dabei.

Mit dem Ende der DDR eröffneten sich für viele Spitzenspieler des Ostfußballs Karrieremöglichkeiten in Westdeutschland. Bundesligagrößen wie Borussia Dortmund und Bayer Leverkusen angelten sich die bekanntesten Spieler der DDR wie Matthias Sammer und Ulf Kirsten. Der VfL Bochum dagegen versuchte es, auch aus den finanziellen Verhältnissen heraus, mit hoffnungsvollen Talenten und machte Wosz ein Angebot. Dieser aber wollte erst mal seine Optionen abwägen. »Ich hatte Zweifel, ob ich mich auf Anhieb bei den großen Clubs hätte durchsetzen können. Bochum schien da schon die machbarere Adresse zu sein. Ein kleinerer Verein, der auf Talente setzte.« Einer konnte Wosz durch persönliches Engagement dann endgültig überzeugen, nach Bochum zu wechseln. Stefan Wintermeyer, ein Vertrauter des Vereins, sollte es noch einmal bei Wosz versuchen: »Ich hatte damals geschäftlich in Halle zu tun und hab Dariusz bei dieser Gelegenheit noch ein bisschen bearbeitet. So haben wir uns kennen gelernt.« Aus dieser eher zufälligen Begegnung wurde eine enge Freundschaft. Als der damals gerade 22-jährige Wosz im Sommer 1991 mit seiner Frau Steffi und der neugeborenen Tochter Nancy nach Bochum kam, half Wintermeyer, der heute Wosz' Berater ist, bei der Eingewöhnung.

Tatsächlich war die Umstellung groß für Wosz. »Das war plötzlich eine ganz andere Welt für mich. In Halle musste ich mich kaum um etwas kümmern, und hier gab´s dann auf einmal Lebens-, Hausrat- und Autoversicherung, Nebenkostenabrechnungen und den ganzen anderen Müll.«

Mit Hilfe des Freundes und auch der des Vereins fühlte sich Wosz aber schnell heimisch in Bochum. Grönemeyers Hinweis, »Auf deiner Königsallee finden keine Modenschau'n statt« schreckte den Neubochumer nicht davon ab, genau in dieser Straße seine erste Wohnung zu beziehen. Denn Wosz kannte natürlich den ganzen Text der »Bochum«-Hymne. »Hier, wo das Herz noch zählt, nicht das große Geld«, heißt es weiter. Ein Eindruck, den Wosz nur bestätigen kann: »Die Leute hier sind offen und ehrlich, das gefiel mir sofort.« Zumal zu dieser Zeit noch ein beschauliches Leben möglich war. Wosz war noch kein Star und lebte relativ unbeachtet in einem Mehrfamilienhaus. »Die meisten meiner Nachbarn wussten gar nicht, dass ich Fußballer bin.«

Auch beim Einkaufen in der Bochumer City war Wosz noch ungestört und konnte nun erst mal nach Herzenslust shoppen gehen. »War schon was anderes, plötzlich mehr als nur die Intershop-Produkte kaufen zu können. Doch auch das wird schnell zur Normalität.« Wosz schlug in dieser Hinsicht auch nie über die Stränge. Bevor es in der Bundesliga Reichtümer zu verdienen gab, entschied sich Wosz für seine Leidenschaft und gegen andere Arten des Zeitvertreibs. Gegenüber »*Vfoul*« sagte er damals: »Der eine raucht, der andere trinkt gerne einen und geht abends weg. Ich bleibe halt lieber zu Hause und kann mir deshalb den Luxus mit den Autos leisten.« Autos bleiben auch heute Dareks größte Passion. Mittlerweile fährt er einen Porsche 911 Carrera mit Kennzeichen ohne Verwechslungsgefahr: BO-DW 10.

Sportlich begannen 1992 die Fahrstuhl-Jahre des VfL, Dariusz Wosz entwickelte sich dagegen beständig weiter und wurde zur bestimmenden Spielerpersönlichkeit des VfL. In dieser Zeit wurde Wosz auch zur »Zaubermaus« geadelt: »Das hat damals die *Bild*-Zeitung erfunden, nachdem ich im ersten Jahr ein paar Superspiele gemacht hatte. Den Namen haben die wohl bewusst genommen, um nicht immer graue Maus schreiben zu müssen, wenn's um den VfL ging.«

Nach zwei Auf- und zwei Abstiegen schaffte Wosz schließlich in der Saison 1996/97 den endgültigen Durchbruch zum Spitzenspieler. Viel, so sagt er heute, hat er seinem damaligen Trainer Klaus Toppmöller zu verdanken, den er neben Peter Neururer als besten Trainer seiner Laufbahn bezeichnet.

Die Euphorie war groß in Bochum, als man in dieser Spielzeit in den Europapokal einzog. »Bochum kannte doch damals keiner«, meint Wosz im Rückblick, und auch die meisten Fußball-Experten hatten Bochums ersten internationalen Ausflug anfangs eher spöttisch belächelt. In Bochum war man anderer Meinung. »Ihr werdet schon sehen, wer Bochum ist«, hatte Toppmöller am Anfang der Saison gesagt und Recht behalten. Highlight dieser Saison waren zweifellos die Spiele im Achtelfinale gegen Ajax Amsterdam, in denen der VfL nur knapp den kürzeren zog. »Auch wenn wir danach ´raus waren, wir haben damals europaweit Werbung für Bochum betrieben und uns eine Menge Respekt verschafft«, sagt Wosz heute.

Gleichzeitig bedeuteten diese Spiele das vorläufige Ende der Bochumer Erfolgsjahre. Es setzte der typische Marktmechanismus ein: Wosz, inzwischen Nationalspieler, war plötzlich zu groß für den VfL geworden. Im Winter 1997 lehnte er noch ein Angebot vom spanischen Erstligisten FC Valencia ab. Bochum besserte daraufhin seine Bezüge auf, und es sah zunächst so aus, als würde Wosz noch einige Jahre hier bleiben. Immerhin hatte er '96 gerade den ersten

»Rentenvertrag« im Profi-Fußball unterschrieben, der ihn bis 2003 an den Verein binden sollte. »In Bochum kann ich alt werden«, hatte Wosz damals gesagt, und die Fans hatten ihn beim Wort genommen.

Doch der unerwartete Erfolg der Vorsaison warf auch einen Schatten auf die bis dahin ungetrübte Beziehung zwischen Wosz und dem Bochumer Publikum. Die Fans forderten Bestleistungen auf Abruf, die auch Wosz nicht ständig bringen konnte. Als es in der Bundesliga nicht nach Wunsch lief, kamen Pfiffe im Ruhrstadion auf - auch gegen Wosz. Diesen traf die persönliche Kritik doppelt hart. Damals war sein Vater schwer erkrankt. Wosz suchte mit ihm monatelang Ärzte und Krankenhäuser auf, ohne sein Umfeld in Kenntnis zu setzen. Auch als sein Vater schließlich starb, verlor Darek der Öffentlichkeit gegenüber kein Wort.

Die anderen Probleme rührten daher, dass er sich stets nur als ein Teil der Mannschaft und nicht als alleinige Führungsperson verstanden hatte, woran sich bis heute nichts geändert hat. »Der VfL Bochum ist nicht der VfL Wosz. Erfolg können wir immer nur als ganze Mannschaft haben«, sagt er heute. Und das ist typisch für ihn. Trotz seines Ruhmes ist er, was seine persönliche Rolle im Verein angeht, bescheiden geblieben. Harmonie in der Mannschaft und im Umfeld sind ihm wichtiger als sich persönlich zu inszenieren. Ein Star, so sagt er, hat er nie sein wollen. Dennoch war er jetzt berühmt, und dies wurde ihm im Alltag bewusst.

In einem »*kicker*«-Interview aus dem Jahr 1997 spricht er über die negativen Seiten der Popularität: »Es ist manchmal einfach zu viel. Ich kann kaum noch in Ruhe einkaufen gehen, essen gehen, durch die Stadt gehen.« Kein Vergleich mehr zu der Beschaulichkeit der ersten Bochumer Jahre.

Hinzu kam sein Wunsch, sich fest in der Nationalmannschaft zu etablieren. Dazu schien ihm ein Vereinswechsel nötig: »Als Bochumer hast du keine Lobby, es war erstaunlich, dass ich überhaupt berufen wurde.« Gleichzeitig legte ihm der damalige Bundestrainer Berti Vogts nahe, in Deutschland zu bleiben. Daher lehnte er auch ein Angebot von Paris St. Germain ab und wechselte stattdessen zu Hertha BSC Berlin.

Über diese Entscheidung war man beim VfL erbost, hätte doch Paris eine weitaus höhere Ablösesumme an den finanziell ewig klammen Verein bezahlt. VfL-Präsident Werner Altegoer bezeichnete Wosz darauf hin als »Schmierlapp«, und auch Teile des Fanlagers wendeten sich gegen den langjährigen Liebling. Wie sehr einige von ihnen Wosz den Wechsel übelnahmen, zeigte sich, als sie ausgerechnet den allseits geliebten Mannschafts-Trabbi abfackelten, mit dem Wosz jahrelang zum Training gefahren war.

Trotz dieses unschönen Abgangs blieb Wosz im Herzen Bochumer. Er fuhr auch in Berlin weiterhin seinen Wagen mit Bochumer Kennzeichen. Ebenso behielt er sein Haus in Stiepel, das er einige Jahre zuvor gekauft hatte. »Ich bin seit über zehn Jahren Bochumer. Auch in den drei Jahren in Berlin bin ich regelmäßig nach Bochum gekommen - auch wenn ich nicht meinen Urlaub hier verbracht habe, wie zu lesen war«, sagt er schmunzelnd und schüttelt den Kopf über immer wieder aufkommende Gerüchte.

Die Besuche in Bochum waren jedoch kein Zeichen von Heimweh, denn auch in Berlin fühlte sich Wosz durchaus wohl. »Berlin ist gar nicht so anders als das Ruhrgebiet, da fühlt man sich schnell heimisch. Es ist auch sehr groß, hat kein richtiges Zentrum. Es gibt allerdings weitaus mehr Promis.« Dass auch Wosz dort einer war, merkte er bald. Unerkannt auf dem Ku´damm bummeln war dort genauso wenig möglich wie auf der Kortumstraße. Doch er hatte sich mittlerweile an den Rummel um seine Person gewöhnt. Auch wenn dieser teilweise ganz neue Formen annahm. So gab ihm ein befreundeter Promi-Bodyguard aus Sorge um seine Sicherheit bei einem Kirmesbesuch sogar Kollegen mit auf den Weg.

Sportlich erlebte Wosz bei Hertha eine überaus erfolgreiche Zeit und schaffte es sogar in den deutschen Kader für die Europameisterschaft 2000. Auch in Bochum verzieh man ihm mit der Zeit seinen Wechsel in die Hauptstadt. Als er im Februar 2001 mit Berlin zum zweiten Mal wieder im Ruhrstadion spielte, kamen die alten Dariusz-Rufe wieder auf. Selbst als er mit einem Eckball ein Tor für die Hertha einleitete, feierte ihn die Ostkurve. »Ich denke, die Fans haben im Laufe der Zeit verstanden, warum ich damals wechseln musste.« Und auch der »Schmierlapp« war vergessen. Altegoer und Wosz hatten sich längst versöhnt. Für dessen Rolle bei seiner Rückkehr bedankte sich Wosz sogar ausdrücklich: »Ohne ihn würde schon seit langem nichts mehr beim VfL laufen. Das vergessen die Leute, die ihn kritisieren, zu oft. Auch aus meiner Verpflichtung wäre nichts geworden, hätte sich Werner Altegoer nicht so reingehängt.« Keine nachtragenden Gefühle mehr? »Überhaupt nicht. Er ist wie ein väterlicher Freund, man kann immer zu ihm kommen.«

Doch auch mit der Rückkehr des verlorenen Sohnes drohte die Saison 2001/02 zu einer Enttäuschung zu werden. Bernhard Dietz war im Sommer zum zweiten Mal als Trainer der Profis eingesprungen, was für Wosz nicht ohne Folgen bleiben sollte. Denn die beiden Bochumer Identifikationsfiguren gerieten heftig aneinander: »Als ich dahinter kam, dass der Trainer meine Verpflichtung eigentlich gar nicht wollte, war das ein ziemlicher Schock. Sein Vertrauen habe ich auch nie gespürt.« Die Verärgerung ist Wosz noch heute anzumerken, wenn er von den Problemen mit Dietz spricht. Doch trotz der zunächst enttäuschten Erwartungen auf allen Seiten hat er seinen Wechsel nie in Frage gestellt. »Ich hab gemerkt, dass die Fans voll hinter mir standen. Erst recht, als ich nicht mehr gespielt hab.«

Denn die forderten im Stadion lautstark seinen Einsatz , als er sich nach durchwachsenen Leistungen zu Saisonbeginn und einer anschließenden Verletzung auf der Ersatzbank wiederfand. Ein Trost für Wosz in dieser schwierigen Phase, doch an der Beziehung zwischen Trainer und Spieler änderte die Reaktion der Fans erwartungsgemäß wenig.

Die Bochumer Zeitungen gingen weniger sanft mit ihm um als die Mehrheit der Anhänger. Im Herbst wurde mal wieder von Ausflügen einiger Spieler ins Bochumer Nachtleben berichtet, unter ihnen Wosz. Hat er sich denn mittlerweile daran gewöhnt, auf Schritt und Tritt beobachtet zu werden? »Nicht wirklich. Wegen der ständigen Beobachtung ist es auch schwer, mal abends mit anderen Spielern wegzugehen. Am nächsten Tag steht es doch wieder in der Zeitung, und wir werden dargestellt, als hätten wir keine Einstellung zu unserem Beruf. Bei Teilen der hiesigen Presse hat man manchmal das Gefühl, dass die uns mit Absicht schlecht machen wollen.«

Wosz hat daraus seine Konsequenzen gezogen. Seine Familie schirmt er bewusst von der Öffentlichkeit ab, und außerhalb des Fußballs zieht er sich auch meist dorthin zurück. Bei seiner Frau Steffi und den beiden Kindern Nancy (11) und Jolantha (5) genießt er seine Ruhe und entspannt sich am liebsten bei Fernsehen und Computerspielen.

In der schlechten Phase im Herbst hatte er dies um so nötiger. Die Situation war vertrackt: Die schlechte Stimmung in der Mannschaft machte es dem sensiblen Techniker noch schwerer, aus dem Tief zu finden. Dem »*kicker*« erklärte er damals das Dilemma so: »Es passt zu dem Bild, dass sich andere hinter meinem Rücken verstecken und über Dinge geredet wird, die nichts mit Fußball zu tun haben.«

Erst als Bernhard Dietz im Dezember 2001 seinen Rücktritt erklärte und Peter Neururer das Amt des Cheftrainers übernahm, ergab sich die Chance für einen Neuanfang. Langsam zeigte die »Zaubermaus« wieder, wie sie vor Jahren zu ihrem Namen gekommen war. Wosz wurde wieder zum Kapitän bestimmt und fand mit neuer Rückendeckung durch den Trainer zu seiner Form. Der Rest der Mannschaft, im Herbst noch im kollektiven Tief, ließ sich von Wosz' Form anstecken, und das Team rückte wieder näher an die Aufstiegsplätze heran.

Auch nach dem Debakel in Oberhausen, wo man mit 1:6 verlor, gab sich Wosz kämpferisch. Kaum einer der vielen VfL Fans, die teils mit Schiffen über den Rhein-Herne-Kanal mit zum Auswärtsspiel gekommen waren, glaubte jetzt noch an den Aufstieg. Wosz hingegen versprach: »Am Ende der Saison stehen wir auf einem Aufstiegsplatz.«

Nun, zwei Monate nach Oberhausen, steht das Projekt Aufstieg noch immer auf der Kippe. Wäre dies der schönste Bochumer Aufstieg? »Auf jeden Fall. Es wäre sogar der schönste Moment meiner Karriere. Wir haben uns so lange selbst ein Bein gestellt, und als es fast aussichtslos war, haben wir richtig für den Aufstieg gefightet.« Glaubt er denn noch wirklich daran? »Das hängt ja nicht nur von uns ab. Die Chancen stehen fifty fifty.«

Sechs Tage später am Aachener Tivolistadion: Im letzten Spiel durfte Wosz nach seiner Sperre endlich wieder auf dem Platz mithelfen, sein Versprechen einzulösen. Sein Optimismus hatte auch die Fans infiziert. Trotz einer denkbar schlechten Ausgangsposition im Kampf um Platz drei machten sich gleich 9.000 Bochumer auf den Weg in die

Kaiserstadt. Kritisch war die Ausgangslage deshalb, weil der VfL nicht nur siegen, sondern gleichzeitig auf eine Niederlage der Konkurrenz aus Mainz hoffen musste.

Diese Partie sollte noch dramatischer werden als die der Vorwoche. Der VfL war abermals früh in Unterzahl, schoss dann binnen weniger Minuten zwei Tore und zitterte sich die gesamte zweite Halbzeit zum Sieg. Hätte Torwart van Duijnhoven nicht dreimal Weltklassereflexe bei Aachener Schüssen gezeigt, der VfL hätte am Ende selbst seinen Aufstieg verhindert. Trainer Neururer und die Fans standen jedenfalls mehrfach vorm Infarkt. Erst der Treffer zum 3 : 1 Endstand in der 90. Minute sorgte für Beruhigung. Allerdings musste man noch auf das Ergebnis aus Berlin warten. Die Fans klebten mit dem Ohr am Transistorradio oder versuchten sich per Handy die Endergebnisse zu beschaffen. Dann endlich die erlösende Nachricht: Union hatte Mainz geschlagen, der VfL war wieder erstklassig. Die Fans lagen sich in den Armen und stürmten nach dem Abpfiff freudetrunken den Aachener Rasen. Ein paar Stunden später, nach der Rückkehr der Sonderzüge aus Aachen, konnten die Fans die Achterbahnsaison endgültig im Feierrausch vergessen. Zunächst der Hauptbahnhof und später das Bermuda-Dreieck verwandelten sich an diesem Abend in eine riesige Partyzone. Die Stimmung erreichte ihren Höhepunkt, als der aus Aachen zurückgekehrte Mannschaftsbus eine Ehrenrunde durch die City drehte.

Wosz hatte also Wort gehalten. Das Ziel war erreicht. Bei der Aufstiegsfeier vor dem Ruhrstadion zwei Tage nach dem Spiel zeigte sich einmal mehr, welche Rolle Wosz beim VfL Bochum einnimmt. Bei den 5.000 versammelten Fans bedankt er sich standesgemäß für die Unterstützung. »Ihr wart super!«, ruft er ins Mikro. »Danke, dass ihr auch nach den üblen Spielen in Oberhausen und Bielefeld immer hinter uns gestanden habt.« Wie die Kollegen wird auch Wosz von den Fans kräftig gefeiert. Doch während Thomas Christiansen und van Duijnhoven sich alle Mühe geben, die Stimmung anzuheizen, hält sich der Kapitän zurück. Er ist halt kein Lautsprecher, kein Mann der großen Worte. Das wilde Feiern überlässt er lieber den anderen.

Als Star mag er wirklich nicht auftreten. Doch Wosz weiß auch , wie sehr er im (fußballerisch) wenig glamourösen Bochum verehrt wird. Allzu viele Helden gibt es hier schließlich nicht. Besser in der Menge untergehen konnte er zum Beispiel in Berlin. Zurückgekommen ist er trotzdem.

Würde er rückblickend seine Karriere anders planen, früher zu großen Vereinen gehen? »Statt nach Berlin hätte ich vielleicht nach Spanien oder Frankreich gehen sollen. Aber am Ende wäre ich immer wieder hier in Bochum gelandet.« Und hier will er auch bleiben. Wosz will noch einige Jahre für den Verein spielen und ihm auch danach die Treue halten. Einen Posten als Jugendtrainer kann er sich gut vorstellen, schließlich hat er in Berlin schon eine Fußballschule geleitet. »Vielleicht trainiere ich ja in einigen Jahren mal die Profis des VfL.« Was natürlich keine Kampfansage an Peter Neururer sein soll.

Und wie sieht er die Zukunft des VfL? »Schwer zu sagen. Potential ist jedenfalls genug vorhanden, wenn man sieht, was bei uns ständig aus dem Nachwuchs nachkommt.« Doch statt Aufbruchstimmung stellt er im Bochumer Umfeld einen Hang zum Schwarzsehen fest, vor allem in der Berichterstattung über den VfL: »Wenn die Presse den Club auch nur zehn Prozent besser darstellen würde, kämen im Schnitt bestimmt 1.000 Leute mehr.« Er wünscht sich, dass man in Zukunft beim VfL noch mehr an sich glaubt und erinnert daran, »dass auch Borussia Dortmund nicht von Anfang an so groß war«.

Klar ist, Wosz hat mit seinem Verein noch einiges vor. Denn auf die Frage, wo er sich zu Hause fühle, hat der gebürtige Pole und Ex-Nationalspieler der DDR nur eine Antwort: in Bochum. Es scheint, als könnte er dieses Mal tatsächlich alt hier werden.

Fotorechte Wosz-Porträt: firo sportphoto, Essen